中外名人名言

张志通 主编

北京工艺美术出版社

图书在版编目（CIP）数据

中外名人名言 / 张志通主编. — 北京：北京工艺美术出版社，2018.6
　　ISBN 978-7-5140-1320-7

Ⅰ.①中… Ⅱ.①张… Ⅲ.①格言-世界-青少年读物
Ⅳ.①H033.3-49

中国版本图书馆CIP数据核字（2017）第164205号

出 版 人：陈高潮
责任编辑：张怀林
装帧设计：子　时
责任印制：宋朝晖

中外名人名言

张志通　主编

出　　版	北京工艺美术出版社	
发　　行	北京美联京工图书有限公司	
地　　址	北京市朝阳区化工路甲18号	
	中国北京出版创意产业基地先导区	
邮　　编	100124	
电　　话	（010）84255105（总编室）	
	（010）64283627（编辑室）	
	（010）64280045（发　行）	
传　　真	（010）64280045/84255105	
网　　址	www.gmcbs.cn	
经　　销	全国新华书店	
印　　刷	北京中振源印务有限公司	
开　　本	720毫米×1020毫米　1/16	
印　　张	20.5	
版　　次	2018年6月第1版	
印　　次	2018年6月第1次印刷	
印　　数	1～5000	
书　　号	ISBN 978-7-5140-1320-7	
定　　价	56.00元	

前言 Preface

  名人名言是岁月沉淀下来的宝贵财富和稀有智慧，也是名人成功经验的提炼和人生感悟的浓缩，字字珠玑，句句精华。一句睿语，足以让读者茅塞顿开；一席良言，足以让读者精神振奋。

  成长路上，几乎每一位学生朋友都会遇到各种各样、大大小小的迷茫与挫折，当你翻到《中外名人名言》的时候，当你与一两句名言邂逅的时候，或许还能帮你打开心中千千结，驱散内心的阴霾，让你在以后的每一步都走得更坚定、踏实。

  基于上述的体悟，我们在甄选名言时，全面网罗了古今中外各个领域知名人物的肺腑之言。在内容选择上，为学生所用之考虑，用心选择那些流通很广的，即通俗的、容易被引用的名言；兼及具有实用价值的名言，即对学生具有明显的启发作用。此外，对名言所传达的情绪是否正面、积极这一点，也进行了严格的筛查。

  由于更重视它的实用性，因此在本书的体例上，我们颇下了些功夫。在适合小学生的名人名言集锦前面集中展示"影响名人一生的20条座右铭""最具影响力的当代名人名言榜""小学生最常用的50条名人名言"等，辅以名人小故事或学生优秀习作片段，让学生在真实的作文语境中体会名言运用的效

果。本书每一部分都有意精选现当代名人名言，涉及文学界、商界、体坛、演艺界、政界等社会各个领域，使本书具有强烈的时代气息。此外，书中随处穿插与名人相关的图片均具有较强的资料性，让整本书翻阅起来有更浓的阅读气氛。

　　你的语言是不是没有说服力？你的作文是不是经常无话可说？从阅读《中外名人名言》开始，积累素材，让你更好地说与写。

目录 Contents

第一章	影响名人一生的20条座右铭	1
第二章	最具影响力的当代名人名言榜	21
第三章	小学生最常用的50条名人名言	33
第四章	适合小学生的名人名言集锦	64

成长·励志篇

- 个 性 ……………………………… 64
- 青 春 ……………………………… 69
- 勇 气 ……………………………… 74
- 兴 趣 ……………………………… 80
- 挑 战 ……………………………… 85
- 习 惯 ……………………………… 88
- 心 态 ……………………………… 92
- 奋 斗 ……………………………… 95
- 自 信 ……………………………… 101
- 幸 福 ……………………………… 106
- 人 才 ……………………………… 111
- 名人启迪 ………………………… 116

●●●● 道德·修养篇 ●●●●

- 自 尊 ……………………………………… 119
- 善 良 ……………………………………… 121
- 节 俭 ……………………………………… 125
- 爱 国 ……………………………………… 129
- 真 理 ……………………………………… 133
- 坚 强 ……………………………………… 137
- 奉 献 ……………………………………… 138
- 修 养 ……………………………………… 142
- 谦 虚 ……………………………………… 145
- 理 智 ……………………………………… 150

名人启迪 ……………………………………… 154

●●●● 生活·情感篇 ●●●●

- 亲 情 ……………………………………… 157
- 友 情 ……………………………………… 159
- 快 乐 ……………………………………… 163
- 烦 恼 ……………………………………… 167
- 健 康 ……………………………………… 170
- 生 活 ……………………………………… 174
- 运 动 ……………………………………… 179
- 自 由 ……………………………………… 182
- 音 乐 ……………………………………… 186

名人启迪 ……………………………………… 190

学习·求知篇

- 学　习 192
- 信　息 196
- 科　学 197
- 创　新 201
- 求　知 205
- 创　造 210
- 思　考 213
- 文　明 218
- 读　书 219
- 智　慧 225
- **名人启迪** 231

为人·处世篇

- 诚　信 234
- 团　结 238
- 幽　默 241
- 正　义 243
- 和　谐 245
- 尊　重 247
- 真　诚 250
- **名人启迪** 254

人生·理想篇

- 生　命 …………………………………… 256
- 希　望 …………………………………… 262
- 人　生 …………………………………… 266
- 恒　心 …………………………………… 272
- 行　动 …………………………………… 277
- 财　富 …………………………………… 281
- 成　功 …………………………………… 286
- 立　志 …………………………………… 292
- 价　值 …………………………………… 297
- 机　遇 …………………………………… 300
- 命　运 …………………………………… 306
- 失　败 …………………………………… 310

名人启迪 …………………………………… 315

第一章 影响名人一生的20条座右铭

1 安逸和幸福，对我来说从来不是目的。

——爱因斯坦

> 爱因斯坦（1879年—1955年），德裔美国物理学家、思想家及哲学家，现代物理学的开创者和奠基人。他曾被美国《时代》周刊评选为"世纪伟人"。

名人故事

1909年7月，爱因斯坦应邀到日内瓦，参加隆重的日内瓦大学周年校庆和纪念建校人加尔文的庆祝活动，并接受日内瓦大学授予他的荣誉博士学位。在庆祝活动的游行中，学校里的显要人物和政府中的大人物都身穿燕尾服，头戴高礼帽，或者身穿绣金长袍，头戴平顶丝帽，而爱因斯坦却穿着一套平时上街穿的衣服，头上戴着一顶草帽。对这次庆祝活动所举办的盛大宴会，爱因斯坦很不以为然，他对坐在旁边的人说："如果加尔文还活着，他会架起一大堆柴火，把搞这样铺张浪费的盛宴的我们全都烧死。"

爱因斯坦自己曾说过："安逸和幸福，对我来说从来不是目的。"他拒绝自己被安排在上流社会中，甚至对社会上给他的特殊照顾感到愤怒。

我的一句话感受

安逸会使人堕落，我们要学会拒绝安逸，主动、勇敢地去磨炼自己，使自己能够经受住生活的磨难和挫折！

❷ 我的字典里没有"不可能"!

——拿破仑

拿破仑·波拿巴（1769年—1821年），原名拿破仑·布宛纳，人称"奇迹创造者"。他是法国近代资产阶级军事家、政治家，是法兰西第一帝国皇帝。

名人故事

拿破仑是欧洲历史上最伟大的军事指挥家之一，他曾多次说过，"我的字典里没有'不可能'"，这不只是一句豪言壮语，他的确是这么严格要求自己的，也是这样来训练自己的士兵的。

一天，拿破仑去检阅他的部队。正走着，他忽然听到远处传来一阵紧急的呼救声，原来一个士兵正在水里手忙脚乱地挣扎。拿破仑得知他不会游泳，而且他看起来马上要下沉了，于是拿破仑马上从侍卫手里拿过一支步枪，并冲落水的士兵大声喝道："你再不向岸边游来，我就开枪了！"话音刚落，拿破仑真的端起枪，朝那人的前方连开了两枪。落水的士兵听到枪响，像发生了奇迹一般，竟然会游泳了，并且向岸边游过来。

拿破仑就是这样激发出了士兵身上的潜力，将很多"不可能"变为"可能"，从而赢得了众多战争的胜利，成为欧洲名噪一时的霸主。

我的一句话感受

只有对胜利抱有必得之心，不给自己任何借口，才能最大限度发挥出自己的实力。

❸ 书不可不成诵，或在马上，或在中夜不寝时，咏其文，思其义，所得多矣。

——司马光

第一章 影响名人一生的20条座右铭

司马光（1019年—1086年），北宋时期著名史学家、散文家，字君实，号迂夫，晚年号迂叟，世称涑水先生。他为人仁厚，为政不卑不亢，秉持道义。他编纂《资治通鉴》，历经十九载，一丝不苟。

名人故事

司马光小时候很聪明，但是也是个贪玩贪睡的孩子，为此他没少受先生的责罚和同伴的嘲笑。在先生的谆谆教诲下，他终于决心改掉贪睡的坏毛病。为了早早起床，司马光想过很多办法，比如他在睡觉前喝满满一肚子水，结果早上没有被憋醒，却尿了床。于是聪明的司马光又用圆木头做了一个警枕，早上一翻身，头滑落在床板上，自然被惊醒，从此他天天早早地起床读书。

司马光读书不仅很勤奋，也讲究方法，他主张"书不可不成诵，或在马上，或在中夜不寝时，咏其文，思其义，所得多矣"。他坚持把所读的书都背诵下来，反复咀嚼和思考，坚持不懈。终于，他成了一个学识渊博的大文豪，主持编写了《资治通鉴》。

我的一句话感受

成功的人不是依靠盲目的勤奋，而是需要找到一套适合自己的学习方法，才能事半功倍。

❹ 永远记住，你自己决心成功比其他什么都重要！

——林肯

林肯（1809年—1865年），美国第16任总统。他领导北方政府取得了美国南北战争的胜利，颁布了《解放黑人奴隶宣言》，实现了美国联邦统一，带领美国在19世纪进入经济发展的黄金时代，被称为"伟大的解放者"。

3

名人故事

林肯的成功之路充满了坎坷，但是，他一直在前行，前行途中有一句话一直伴随着他。

林肯的父亲是个农民，林肯家境极为贫穷。林肯断断续续地接受正规教育的时间，加起来还不足1年。但林肯从小就热爱学习，他买不起纸和笔，就用木炭在木板上写字，用小木棍在地上练字。为了成为一名律师，他抓紧一切时间看书学习、练习演讲。他常常徒步30英里，到一个法院去听律师们的辩护，看律师们如何辩论，如何做手势。他一边听，一边模仿，在没有听众的情况下，他甚至还对着树林和玉米反复地练习演讲，终于成为一名出色的律师。

从29岁起，林肯就开始竞选议员和总统，前后尝试过11次，失败过9次。1860年，他终于当选美国总统，并取得了辉煌的政绩，被马克思称为"全世界的一位英雄"。林肯的成功，无不与那句伴随他一路走来的话有关，那就是："永远记住，你自己决心成功比其他什么都重要！"

我的一句话感受

艰苦的条件不是我们无法成功的理由，信念是推动前进的巨大动力。

5 人类也需要梦想者，这种人需要醉心于事业的大公无私，因而不能注意自身的物质利益。

——居里夫人

居里夫人（1867年—1934年），世界著名科学家，研究放射性现象，发现了镭和钋两种天然放射性元素，一生两度获诺贝尔奖（第一次获得诺贝尔物理学奖，第二次获得诺贝尔化学奖），是成功女性的典范。

名人故事

1920年5月的一个早晨，美国记者麦隆内夫人几经周折，终于在巴黎实验室里见到了镭的发现者——居里夫人。

端庄典雅的居里夫人与异常简陋的实验室给这位美国记者留下了深刻印象。此时，距镭问世已经18年了，镭的身价已是每克75万金法郎。美国记者由此推断：仅凭这项专利，居里夫人应该早就富甲一方了。

但是，居里夫妇在18年前提炼出第一克镭时，就毫无保留地公布了镭的提纯方法。居里夫人的解释异常平淡："没有人应该因为镭致富，它是属于全人类的。"

麦隆内夫人困惑不解地问："难道这个世界上就没有您最想要的东西吗？"

"有，1克镭，以便继续我的研究。可是它的价格太昂贵了。"

这出乎意料的回答使麦隆内夫人异常惊讶。镭的提纯技术已使世界各地的商人腰缠万贯，而镭的发现者却如此困顿！

一些人认为，居里夫人固执得让人难以理解，她只要在专利书上签个字，所有的困难不是都可以得到解决吗？居里夫人在后来的自传中回答了这个问题："人类也需要梦想者，这种人需要醉心于事业的大公无私，因而不能注意自身的物质利益。"

我的一句话感受

一个伟大的人必有一颗金子般的心。居里夫人用这种不为盛名所诱惑的行为，为后人做出了表率。

6 路漫漫其修远兮，吾将上下而求索。

——屈原

屈原（约前340年—前278年），名平，字原，是中国伟大的浪漫主义诗人之一。他创立了"楚辞"这种文体，也开创了"香草美人"的传统。

名人故事

屈原从小天资聪颖，又勤奋好学，留下了很多佳话。湖北省秭归县有一个"读书洞"，相传就是我国古代伟大的爱国诗人屈原小时候读书的地方。

屈原小时候特别喜欢读书。上学期间，他总是第一个到书房，又最后一个离开书房。有一段时间，他为了专心读书，每天放学后都去一个山洞里，安安静静地品味书中的优美文字，一直到很晚。就在那里，他在书中充分领略了楚国民间文学的美妙，为日后创造出"楚辞"这种新文体埋下了种子。

后来，屈原"洞中读书"的故事便流传开了。在他去世后，人们为了纪念他，就把这个洞叫作"读书洞"。

屈原在著名的《离骚》中写下："路漫漫其修远兮，吾将上下而求索。"

这是他对人生、对理想不断追求的写照，也是他孜孜不倦地追求知识的写照。

我的一句话感受

学知识如同一个赶路的过程，走得越远，越是无法停止对知识的渴求。

7 我要扼住命运的咽喉，决不能让命运使我屈服。

——贝多芬

贝多芬（1770年—1827年），德国最伟大的音乐家、钢琴家，维也纳古典乐派代表人物之一，与海顿、莫扎特一起被后人称为"维也纳三杰"。

名人故事

贝多芬的少年生活十分坎坷，他几乎没有享受过父爱，母亲也早早离他而去。他还因为外貌生得丑陋，经常遭人嘲笑，而他音乐上的才华很晚才被发现。

就在贝多芬好不容易从生活的困境中摆脱，锦绣前程即将展开时，他却发现自己的听力急剧下降。对于一位风华正茂、踌躇满志的钢琴家和音乐家来说,听力的衰退不啻世界末日。但贝多芬下决心要和命运进行顽强的抗争,并说出了那句流传千古的名言:"我要扼住命运的咽喉,决不能让命运使我屈服。"

当时的贝多芬还爱恋着一位叫朱丽叶塔的姑娘,著名的钢琴奏鸣曲《月光》就是献给她的。然而朱丽叶塔辜负了贝多芬的一番情意,后来与一位男爵订了婚。

耳聋的治愈日渐渺茫,再加上痛失心仪已久的恋人,这双重的打击使顽强的贝多芬支撑不住了。1802年他写下了一封绝笔信,即著名的《海利根施塔特遗书》。在信中他淋漓尽致地表达了内心深处的理想和痛苦。不过他最终还是重新振作了起来,有着坚强个性的他不可能屈服于命运的摆布。在那篇遗嘱中,贝多芬说道:"是艺术,就只是艺术留住了我。啊,在我尚未感到把我的使命全部完成之前,我觉得我是不能离开这个世界的。"

我的一句话感受

困境和苦难是成功的试金石,只有通过重重考验的人,才有资格拿到成功的奖杯!

❽ 我将粉碎一切障碍。

——巴尔扎克

巴尔扎克(1799年—1850年),法国19世纪伟大的批判现实主义作家,法国现实主义文学成就最高者之一。他创作的《人间喜剧》充分展示了19世纪上半叶法国的社会生活,被称为"法国社会的百科全书"。

名人故事

巴尔扎克并非一出世就名扬天下、誉满全球,在成名之前,巴尔扎克也

曾困顿过、狼狈过。他本来是学法律的，可大学毕业后偏偏想当作家，全然不听父亲让他当律师的忠告，把父子关系弄得十分紧张。不久，父亲便不再向他提供任何生活费用，而他写的那些稿件又不断地被退回来，他陷入了困境，负债累累。在他生活最困难的时候，他甚至只能吃点干面包喝点白开水。但巴尔扎克挺乐观，每到就餐时间，他便在桌子上画上一只只盘子，并在上面写上"香肠""火腿""奶酪""牛排"等字样，然后在想象的欢乐中狼吞虎咽。

也正是在这段最为"狼狈"的日子里，他竟然花费了700法郎买了一根镶着玛瑙石的粗大的手杖，并在手杖上刻了一行字：我将粉碎一切障碍。正是这句气壮山河的话支撑着他。后来的事实也印证了他的成功。

我的一句话感受

理想面前往往隔着现实的重重障碍，只有对这个理想有百分之百的信念，我们才能一一粉碎障碍，看到胜利女神的微笑。

9 没有哪一个聪明人会否定痛苦与忧愁的锻炼价值。

——赫胥黎

托马斯·亨利·赫胥黎（1825年—1895年），英国著名博物学家，捍卫达尔文进化论的最杰出的代表。

名人故事

赫胥黎是科学界自学成才的杰出代表。他生于英国伦敦西部的伊林，8岁时开始上学。由于家境贫寒，赫胥黎只读了两年书就辍学了。但是他爱好学习，每天坚持自学，在他自己制订的教育课程表上，只留下了一个项目：阅读。赫胥黎读书非常刻苦，每天天不亮就起床读书。因为家里穷，没钱买书桌，赫胥黎就点一支蜡烛,将毛毯披在肩上,然后坐在床上读书。赫胥黎的学习兴趣相当广泛。开始时他想学土木工程,又想搞桥梁建筑;后来又转到了医学方面,跟父亲的一个朋友专门学医。由于聪明好学,他很快就掌握了一些医学知识。但是当他想进外科学院进修时,因为年龄小,他未能如愿。赫胥黎的求知欲非常强,他在学习上永不满足,在学习过程中也经常遇到瓶颈,但是他曾说过:"没有哪一个聪明人会否定痛苦与忧愁的锻炼价值。"凭借这个信念,他突破了一个又一个的难关,最终成了著名的博物学家。

在工作之余,他又自学了法语、德语、意大利语、拉丁语和希腊语等语言,是历史上不可多得的一位自学成才的伟大学者。

我的一句话感受

痛苦和忧愁会轻易击败弱者,却会让强者更强。生活给予的礼物到底是好是坏,就要看你怎么应用它。

10 聪明在于勤奋,天才在于积累。

——华罗庚

华罗庚(1910年—1985年),著名数学家,在中国解析数论、矩阵几何学、典型群、自守函数论等多方面有深刻的研究和开创性的贡献。

名人故事

华罗庚小时候学习非常刻苦。少年时期,他经常被父母叫去自家开的铺子里面看店。他家的铺子对面是一家布店。布店里的人常说,华罗庚经常坐在他那间屋里的方桌旁,目不斜视地阅读书籍,还不时地秉笔涂写,附近河内船只往来嘈杂之声他充耳不闻。布店的人还以为华罗庚患有痴呆病呢,大家在背后谈话中提到的"书呆子",指的就是华罗庚。

中外名人名言

华罗庚的父亲华老祥一心想要华罗庚把小店经营好,将来有个依托,他一点也不理解儿子的兴趣与进取心。有时华老祥甚至把华罗庚的数学草稿纸往火炉里塞,每每遇到这种情况,华罗庚总是拼命地抱着他视之如命的数学草稿纸,不让他的父亲抢走烧掉。一旦被抢走了,他便心如刀绞,有时甚至还会急晕过去。家乡人还传说,有一次华罗庚家的隔壁失火了,华罗庚拼命跑上小阁楼去抢他的数学草稿纸与书籍,把大家都急坏了。华罗庚的志气与行为,几乎没有人能理解,大家都说他很"呆"。但是,华罗庚最终用自己的成就证明了自己。

华罗庚成名之后,有人说他是天才。但是,华罗庚自己说:"聪明在于勤奋,天才在于积累。"或许这句话才能为他的成功作最好的诠释。

我的一句话感受

哪怕世人不理解,说你"呆",只要你认准了那条属于自己的路,就要不间断地努力走下去。

11 有许多人是用青春的幸福作为成功的代价的。

——莫扎特

莫扎特(1756年—1791年),奥地利古典主义音乐的杰出大师,更是人类历史上极为罕见的音乐天才,有"音乐神童"的美誉。他在短暂的一生中为世人留下了极其宝贵和丰富的音乐遗产。

名人故事

莫扎特从3岁起就显露出非凡的音乐天赋。他听姐姐弹琴,很快就能记住那动人的旋律及和谐的和声,并且能用灵巧的小手在琴键上弹出来。莫扎特不到5岁时,就能将父亲教给他的一些曲子学会,并在钢琴上演奏出来。更让父亲惊奇的是,莫扎特竟然能在五线谱上记下刚刚即兴创作的钢琴协奏曲。

很多人把他看作无师自通、不学而成的天才。天才是不容否认的，但人们往往因此而忽略了天才也离不开刻苦与勤奋的事实。莫扎特有些苦涩地说："有许多人是用青春的幸福作为成功的代价的。"在别的孩子玩耍的时候，莫扎特却在不停地练习，不断地演出。

莫扎特的父亲要求莫扎特无论多么劳累，都要随时可以当众表演，并要满足听众突如其来、异想天开的种种刁难性提议，如：当场演奏从未接触过的技巧艰深的乐曲；按照听众临时设想的几个低音即兴作曲，并根据指定的调当即演奏；用多条手帕将键盘全部蒙住而不影响弹琴；在一场音乐会上从头至尾全部演奏自己的作品。并且，这样的演出几乎每次都长达四五个小时。

通过在世界各地演奏的多场音乐会，莫扎特的名气越来越大。后来，莫扎特成了最受欢迎的音乐家，却也因此失去了最珍贵的青春的幸福。

我的一句话感受

每个成功的人都付出过不同的代价，光环的背后也会有各种各样的辛酸。

⑫ 志趣常常是成功的钥匙。

——哥白尼

哥白尼（1473年—1543年），近代天文学的奠基人，日心说的创立者，波兰著名天文学家，代表作品为《天体运行论》。

名人故事

哥白尼是波兰伟大的天文学家，他从小就表现出对天空的兴趣，常常独自仰望繁星密布的夜空。有一次，哥哥不解地问哥白尼："你为什么整夜守在

窗边，望着夜空发呆？"哥白尼回答说："我要一辈子研究天时气象，让人们望着天空的时候不再害怕。我要让星空跟人交朋友，让它给航船校正航线，给水手指引航向。"

哥白尼少年时期学习认真刻苦，阅读了大量有关数学和天文学的书籍。有一次，同一位教授谈到哥伦布远渡重洋的时候，哥白尼满怀深情地说："我倒希望能建造一种飞船，飞向宇宙，在云海间翱翔，在星空间航行，去发现宇宙的奥秘。"教授惊奇地问："你幻想飞入星空？"哥白尼斩钉截铁地说："是的。我想做这艘飞船的第一名船长，我的理想就在高高的天上！"

哥白尼自己建立了一座小型天文台，还自制了各种仪器，孜孜不倦地从事天文观测和研究。30多年后，他创立的日心说否定了在西方统治了1000多年的地心说。

从那个爱仰头望着天空的孩子，到誉满全球的天文学家，哥白尼的一生极好地诠释了他的那句名言，"志趣常常是成功的钥匙"。

我的一句话感受

对一件事兴趣越大，就越容易坚持，你要想在某一个领域内成功，就问问自己：我的兴趣在哪里？

13 我从不找借口，也绝不接受借口。

——南丁格尔

南丁格尔（1820年—1910年），世界上第一名真正的女护士，她开创了护理事业，被誉为"提灯女神"。"5·12国际护士节"是全世界护士共同的节日，它是为纪念这位近代护理的创始人而设立的。5月12日正是南丁格尔的生日。

名人故事

南丁格尔22岁时，出落得优雅俊美，她博学多才，富有青春活力，并受到了

第一章 影响名人一生的20条座右铭

英国上流社会众多人士的赏识。但这位出身高贵的姑娘，心灵中却孕育着一个崇高的理想，她选择了谁也没有预料到的、当时人们普遍瞧不起的医院护理职业。对此，她的父母狂怒不已，姐妹横眉冷对，相恋的男友离她而去。尽管众人反对，但是她没有把这些"反对"当成是自己放弃理想的借口，坚定不移地穿上了白大褂。

1853年，克里米亚战争爆发。由于英军后勤保障能力差，伤病员的救治混乱不堪，再加上霍乱蔓延，致使伤病员大量死亡。这时，南丁格尔率领38名姐妹毅然来到战场。她们放下行李便立即采购药物，创建战地医院，精心护理伤病员。白天，南丁格尔冒着枪林弹雨抢救伤员；晚上，她让姐妹们休息，自己提着马灯逐个巡视伤病员，或投以亲切的微笑，或轻抚伤员剧痛的伤口，给绝望者以鼓励，给濒死者以安慰。伤病员们从南丁格尔身上感受到了巨大的温暖，甚至觉得隔空亲吻她的身影也是一种莫大的慰藉与幸福。经过她们短短几个月的努力，伤病员的死亡率由原来的42%下降到了2.2%。士兵们亲切地称南丁格尔为"克里米亚提灯女神""救命之星"。

我的一句话感受

借口往往是放弃的前兆，你想要成功就不要给自己任何借口，也不要给自己任何软弱的机会，要勇往直前。

14 懒惰，像生锈一样，比操劳更能消耗身体，经常用的钥匙总是亮闪闪的。

——富兰克林

本杰明·富兰克林(1706年—1790年)，美国独立战争的伟大领袖。18世纪美国最伟大的科学家和发明家，著名的政治家、外交家、哲学家、文学家和航海家。

名人故事

富兰克林是家里的第十个孩子。富兰克林8岁入学读书,虽然学习成绩优异,但由于家中孩子太多,父亲的收入无法负担他读书的费用,所以,他10岁时就离开了学校,回家帮父亲做蜡烛。虽然没钱上学,但是富兰克林却能抓住一切机会勤学苦读。

富兰克林曾进入一家印刷所当学徒。在那儿,富兰克林结识了印刷业的一些小同行,他们知道富兰克林爱读书,就经常带来些很有趣的书让富兰克林读。不过,借那些书的期限只有一个晚上。富兰克林为了尽快读完一本好书,常常彻夜不眠,第二天天不亮就赶忙把书还给同事。富兰克林总是说:"懒惰,像生锈一样,比操劳更能消耗身体,经常用的钥匙总是亮闪闪的。"

1736年,富兰克林当选为宾夕法尼亚州议会秘书。1737年,富兰克林任费城副邮务长。虽然工作越来越繁重,但是富兰克林每天仍然坚持学习。为了进一步打开知识宝库的大门,他孜孜不倦地学习外语,先后掌握了法语、意大利语、西班牙语及拉丁语。他广泛地接受世界科学文化的先进成果,为自己的科学研究奠定了坚实的基础。

我的一句话感受

勤奋的人似乎都丝毫不知疲倦,懒惰的人却总是打着哈欠,而成功永远不会光顾只会说"累"的人。

15 用自以为是的眼光看待别人的幸福或痛苦是错误的。

——罗素

伯特兰·罗素(1872年—1970年),20世纪英国著名的思想家、哲学家和社会活动家,1950年获诺贝尔文学奖。代表作品有《幸福之路》《数学原理》《婚姻与道德》等。

名人故事

20世纪初,英国思想家罗素来到中国的四川。当时正值夏天,四川的天气非常闷热,罗素和陪同他的几个人坐着那种两人抬的竹轿上峨眉山。山路陡峭险峻,几位轿夫累得大汗淋漓。此情此景使作为思想家和文学家的罗素没有心情观赏峨眉山的奇观,而是思考起几位轿夫的心情来。他想,轿夫们一定很痛恨他们几个坐轿的人,这样热的天气,还要抬着他们上山,也许他们还在思考着,为什么自己是抬轿的人而不是坐轿的人。

罗素正思考着的时候,到了山腰的一个小平台,陪同的人让轿夫们停下来休息。罗素下了竹轿,认真地观察轿夫们的表情,很想去宽慰一下辛苦的轿夫们。

但是,他看到轿夫们坐在一起,拿出烟斗,有说有笑,讲着很开心的事情,丝毫没有怪怨天气和坐轿人的意思。他们饶有兴趣地给罗素讲自己家乡的笑话,还给这位大哲学家出了一道智力题:"你能用11画,写出两个中国人的名字吗?"罗素承认不能。轿夫们笑呵呵地说出答案:"王一、王二。"罗素陡然心生一丝惭愧和自责:我凭什么去宽慰他们?我凭什么认为他们不幸福?

后来,罗素因此得出了一个著名的人生观点:用自以为是的眼光看待别人的幸福或痛苦是错误的。

我的一句话感受

幸福是自己的一种感受,每个人幸不幸福只有自己知道,不需要别人来评价。

16 我一生的嗜好,除了革命之外,只有好读书。

——孙中山

孙中山(1866年—1925年),本名孙文,我国近代民主革命家,首先举起彻底反封建的旗帜,建立了中华民国。

 中外名人名言

名人故事

一天，一位日本友人问孙中山："我每次看望孙先生，谈不了几句，先生就要讲革命。先生于革命之外，还有没有别的嗜好呢？"孙中山先生不假思索地回答："我一生的嗜好，除了革命之外，只有好读书。"博览群书，是孙中山先生的一大嗜好。

孙中山先生投身革命后，遭清政府通缉，长期流亡海外，虽颠沛流离、环境险恶，仍然好学如旧。在英国栖身时，他成了英国图书馆的常客，图书馆开门迎来的第一位读者是他，最后一位离去的读者往往也是他。

辛亥革命前两年，孙中山先生再次去欧洲，在华侨中宣传革命主张，辗转到达英国伦敦时，身边的钱快用光了，于是尽量节约开支，一日三餐吃的都是廉价的大众面包。几个留学生知道后，凑了40英镑送去，让他改善伙食，吃得好些，孙中山先生推辞不了，只得收下了。

一个星期后，那几个留学生去看望孙中山先生，见他吃的仍是大众面包。原来他用这些钱买了书，书的内容都是关于欧美资产阶级革命学说的，如卢梭的《民约论》、富兰克林的自传等。

孙中山先生爱书至此，传为美谈。

我的一句话感受

真正爱书的人，他们总是把精神上的充实看得远远高于物质上的充实。

❶7 永远不失败是不可能的，除非你活得过于谨慎，这样还不如根本就没有在世上生活过，因为你从一开始就失败了。

——J.K.罗琳

J.K.罗琳（1965年— ），她创作的《哈利·波特》系列魔法小说问世后轰动全世界，她也因此成名，现已是英国有名的富豪之一。

第一章 影响名人一生的20条座右铭

名人故事

从一个困窘的失业单身妈妈到全球知名的畅销书作家，迄今为止已创作了7部《哈利·波特》的J.K.罗琳到底有怎样的魔法？

罗琳在写作《哈利·波特》系列之前，只是一个非常平凡，甚至生活得有些悲惨的女人。她大学毕业后，几乎是靠打零工为生，她曾经的一份工作是为出版社撰写和派送退稿通知。期间她写的几本给成人看的小说，都没有成功。

后来，罗琳去了葡萄牙，并结了婚。无奈的是，这段婚姻来得快，去得也快。不久，她便带着3个月大的女儿杰西卡回到了英国。由于找不到工作，她只好靠着微薄的失业救济金养活自己和女儿。然而，她创作的欲望在这时再度被点燃。在开始写作《哈利·波特》系列小说的第一部《哈利·波特与魔法石》时，罗琳因为自家的屋子又小又冷，时常到自家附近的一家咖啡馆里把哈利·波特的故事写在小纸片上。

幸运的是，这一次她坚持了自己的梦想，她把无情的现实勇敢地踩在了脚下。对此，她是这么说的："永远不失败是不可能的，除非你活得过于谨慎，这样还不如根本就没有在世上生活过，因为你从一开始就失败了。"

我的一句话感受

害怕失败的人，也失去了享受成功的快乐。失败过，再站起来，才算是淋漓尽致地活着！

18 我只承认一次失败。

——史玉柱

史玉柱（1962年— ），充满传奇色彩的创业者之一，中国著名企业家，创立了巨人集团。

名人故事

他曾经号称要建中国第一高楼，又号称要赶超华人首富李嘉诚。那个年代，他狂到谁都不放在眼里，却最终因为资金问题失败了。

史玉柱，这位曾经人人敬仰的创业天才，在一夜之间成了因负债而破产的失败者，有人称他为"中国最著名的失败者"，也有人称他为"中国营销奇人"。从中国第八富豪到破产者，史玉柱可谓经历了天翻地覆的变化，他一度销声匿迹了。

然而，史玉柱并没有放弃，几年之后，他凭借"脑白金"东山再起。

有人问他是怎么看待成功和失败的，史玉柱回答说："我只承认一次失败。"

对于人生大起大落的史玉柱，很多人很钦佩他，熟悉他的人为他总结了两个字"执着"！正是对于成功的这份执着，支持着史玉柱屹立不倒，走向了今天的辉煌。

我的一句话感受

承认失败的是强者，能从失败中走出来，就更增加了一分成功的机会！

⑲ 我不在乎起点有多高，最重要的是终点。

——姚明

姚明（1980年—　），2002年以状元秀身份被NBA的休斯敦火箭队选中。2003年—2008年连续6个赛季入选NBA西部全明星阵容，是目前中国在世界上最有影响力的篮球运动员。

名人故事

1994年，13岁的姚明被李秋平挑进了上海青年队。令人难以想象的是，当时在青年队里，姚明是新人中技术最差的一个。"他不会打球，甚至连怎么跑

第一章 影响名人一生的20条座右铭

都不会。"上海东方男篮教练陆智强就曾这么评价姚明,这和他刚进体校时得到的评价是一样的。然而姚明总是在进步。几年后,那一批队员中只有姚明和另外4名队友进了一队,其他十几个人都被淘汰了。

1997年3月,姚明左脚踝骨折,这次受伤险些断送了姚明的篮球职业生涯。几经努力,姚明终于重新站到了篮球场上,但是那次受伤对姚明的职业生涯还是产生了很大的影响,让姚明的跑跳能力受到了很大的限制。不过姚明还是凭借自己的努力一路从上海青年队、国家青年队打到了国家队。

通过在NBA的磨炼,姚明当时已经成长为美国篮球职业联盟中火箭队的绝对主力、一流中锋。从数据上看,姚明可以排进NBA的前十几名,也是NBA最好的5%的球员之一。可是谁都知道姚明刚进入NBA时是如何不适应队友的打法,还有他们剧烈的身体对抗,但是他都一一克服了下来。由于他的刻苦训练,他被称为NBA的"劳模"。

姚明曾说:"我不在乎起点有多高,最重要的是终点。"他已经一次次地从较低的起点起飞,以自己的勤奋为翅膀,飞得比别人都要高。

我的一句话感受

生命就像长跑,开始落后不要紧,只要别气馁、别停步,最后你会发现跑在前面的就是你!

20 逆境给人宝贵的磨炼机会,只有经得起环境考验的人,才算真正的强者。

——松下幸之助

松下幸之助(1894年—1989年),日本著名企业家,跨国公司"松下电器"的创始人,被人称为"经营之神"。

名人故事

　　松下幸之助从小家境贫寒，他只上过4年学，年仅9岁就开始为生计而工作了。松下一直从事着艰苦的工作，这使他拥有了超越年龄的坚韧性格。有一次，他到一家大电器公司求职。身材矮小瘦弱、穿得又破又脏的他被公司的人事部门主管谢绝了："我们现在暂时不缺人，你一个月以后再来看看吧。"

　　本是托词，可一个月后松下幸之助真的来了，那位负责人又推托说有事，过几天再说。隔了几天，他又来了，如此反复了多次，主管只好直接说出了真话："你这么脏是进不了我们公司的。"于是他立即回去借钱买了一身整齐的衣服穿上再来。负责人看他那么实在，只好告诉他："关于电器方面的知识，你知道得太少了，我们不能要你。"

　　不料，两个月后，松下幸之助再次出现在人事主管面前，说："我已经学会了不少有关电器方面的知识，您看我哪方面还有差距，我一项项弥补。"这位人事主管盯着态度诚恳的他看了半天，才说："我干这一行几十年了，还从未遇到像你这样来找工作的。我真佩服你的耐心和韧性。"

　　结果，松下幸之助的毅力打动了这位人事主管，他终于如愿以偿地进入那家公司工作。

　　"逆境给人宝贵的磨炼机会，只有经得起环境考验的人，才算真正的强者。"正因为松下幸之助领悟出了这样的真谛，才能一步步从艰辛中走过来，以100日元起家，创造了日本企业中的重量级企业——松下电器。

我的一句话感受

　　对意志软弱的人来说，逆境是天大的悲剧；对意志坚强的人来说，逆境则是助他成功的垫脚石。

第二章　最具影响力的当代名人名言榜

❶ 生命中最大的荣耀并不在于永不跌倒，而在于跌倒了能顽强地站起来。

——克林顿

威廉·杰斐逊·克林顿（1946年— ），美国政治家、民主党成员，曾任阿肯色州州长和美国第42任总统。其执政期间，美国经历了历史上和平时期持续时间最长的一次经济发展，最终以65%的高民意支持率结束任期。

没有谁的荣耀会来得一帆风顺，即使如权力的最高统治者克林顿，也有跌倒的时候。其实跌倒，是人之常情，毕竟人无完人。关键是摔了这一跤之后，你是从此一蹶不振了呢，还是坦然面对呢？克林顿告诫所有朋友，只要还能走路，就应该"拍拍身上的灰尘，振作疲惫的精神"，站起身走下去。待到某日，回头再看那一跤时，我们一定会莞尔一笑："幸而我站了起来，方得今日光荣。"

❷ 其实任何一切都代表不了人的价值，人的真正价值在于内在的能量，不光是外表。

——李连杰

李连杰（1963年— ），生于北京，是中国武术冠军、著名动作明星、国际功夫巨星、慈善家、"壹基金"创始人，国际武术联合会、中国武术协会、首届世界武搏会武术项目形象大使。

娱乐圈光影重重，各类美丽的脸庞正刺激着青少年的感官。然而，现实告诉我们，并不是越美丽就越有影响力，越美丽就越能体现出自己的价值。光鲜亮丽的外表总会随着时间的消磨而狼狈不堪，而真正伴随我们一生的是内心爆发出的最大潜能。能为这个社会做具有多大影响力的事，这才是考量一个人价值的真正标准。

❸ 不要被教条所限，要听从自己内心的声音，去做自己想做的事。

——乔布斯

史蒂夫·乔布斯（1955年—2011年），苹果公司的创始人之一，1985年获得了由里根总统授予的国家级技术勋章。他是声名显赫的"计算机狂人"，也是美国最佳CEO，他还曾被《时代》周刊评选为年度风云人物。

上榜理由

这个世界每天都在发生变化，需要每个人不得不对己对人都做适度的调整，才跟得上时代的步伐。身为年轻人的我们，尤其是这方面的主力，头脑里有什么新的想法和观念，何不试上一试呢？与其对着陈规旧矩唉声叹气，倒不如去脚踏实地地做些什么，即使跌倒，那裤脚上的泥土也都带着大地的福祉与生命的新意。

第二章 最具影响力的当代名人名言榜

❹ 人首先应当遵从的，不是别人的意见，而是自己的良心。

——普京

普京（1952年—　），现任俄罗斯总统，2000年至2008年任总统期间，使俄罗斯在军事与政治实力上均有相当的提升，被称为"铁腕总统"。2007年普京被美国《时代》周刊选为当年的年度风云人物。2012年第三次当选俄罗斯总统。

俄罗斯总统普京这句话一出，就在众多青少年心中一石激起千层浪。这句话不光是让人看到一种坚持正确自我的个性，感受到对人对事无怨无悔的责任和担当，更唤醒了那些生活在别人眼光里的人。我们每个人都是独立的个体，我们有自己的行事原则和道德标准，只要是做对得起自己良心的事，便能无愧于心。

❺ 人不是因为了不起才有理想，而是因为有理想才了不起。

——李开复

李开复（1961年—　），生于中国台北，祖籍四川，1983年毕业于哥伦比亚大学，获计算机学士学位。1998年加入微软公司，后创立微软亚洲研究院；2005年加盟谷歌，担任大中华区总裁一职。2009年他宣布离职，在中国北京创立创新工场。

很多年轻人对成功者的总结是：他们的成功是因为他们有一个了不起的梦想。而李开复这句话却对这样的总结做出了纠正：并不是了不起的人才是

有理想、有追求的人，人只会因为为自己的理想无私地付出而了不起；不在于结果是否成功，而在于每一根神经都会为了这个理想而兴奋，每一个脚印都是向着理想的方向，每一滴汗水都是为理想而挥洒。只要我们做到这些，便是真正的了不起。

❻ 第一个青春是上帝给的，第二个青春是靠自己努力得的。

——李嘉诚

李嘉诚（1928年—　　），广东潮州人，香港著名塑胶商、房地产巨商，杰出的企业家。他通过自身的努力，成为中国企业家偶像代表，对中国经济的发展做出了巨大贡献，被称为"商界领袖"。

原本出身书香门第而后家道中落被迫辍学的李嘉诚先生，想必是在创立了自己的一番事业后才有了这番对生命的领悟，才会对年轻人说出这样意味深长的寄语。青春是我们一生中最美好的时光，不要把时间浪费在无益于我们为理想奋斗的途中。我们应当如枝头的夏花，为了结出累累的硕果而尽情地绽放自己，待到人生入秋时，我们人生的"青春期"才有可能延伸到秋甚至冬……

❼ 万无一失意味着止步不前，那才是最大的危险。

——杨澜

杨澜（1968年—　　），中国著名电视节目主持人，主持风格极具亲和力，深受观众喜爱。曾被评选为"亚洲二十位社会与文化领袖之一""能推动中国前进、重塑中国形象的十二位代表人物之一""《中国妇女》时代人物"。

第二章 最具影响力的当代名人名言榜

我们往往高举着理想却缺乏行动力，稍微遇到一点挫折，便生出许多无奈、彷徨、恐惧、幽怨，于是虽然不甘心，但还是选择了放弃，继续靠着对理想的憧憬度日，很多人就这样走过了自己的人生。也许《小马过河》的故事在我们看来太过老套幼稚，"实践出真知"的箴言对我们来说也太过教条枯燥，所以杨澜用她的经历告诉我们每一个人：敢于尝试，才有成功的可能。

❽ 你若失去财产，失之甚少；你若失去荣誉，失之甚多；你若失去勇气，失去一切。

——韩寒

韩寒（1982年—　），中国80后新锐作家、职业赛车手。其博客在中国广受关注，读者众多；拿过多个赛车冠军。2010年入选美国《外交政策》杂志评选的"全球百大思想者"。

作为80后作家，韩寒对我们年轻人的吸引和影响，不是缘于玩酷而深刻，而是因为深刻才显得酷。人活在世上，离不开名与利，但是名利是否就是人生的全部呢？韩寒用再通俗不过的文字给了我们一个解答：一切皆有可能，但是一切都需要勇气的注入。事非经过不知难，无论做什么事情，我们所忐忑的艰难，时常是自己心中幻化出来的一堵墙。如果缺乏走到墙另一面的勇气，那么墙另一面的风景，便永远只是不可能的一切了。对于人生而言，当属勇气最重要。

中外名人名言

9 人活一辈子都要建设人生，失掉建设的人生，没有不垮台的。

——池田大作

池田大作（1928年— ），日本创价学会名誉会长、国际创价学会会长，曾获联合国和平奖、联合国难民专员公署的人道主义奖、爱因斯坦和平奖，是中日友好"和平使者"。

上榜理由

我们常常会抱怨眼前的人生无所建树，池田大作的一番话值得年轻人反思：有抱怨的时间，倒不如迈开脚步，在一路前行中建设自己的人生。在公平的时间面前，有的人垮台出局，而有的人却能咬紧牙关走到最后。可见人世间最重要、最强大的，还是我们自身勇往直前的勇气与毅力，它将伴随我们一生。

10 世上最难攀登的山是自己，往上走，即使一小步也有新高度。

——王石

王石（1951年— ），房地产行业领军人，原籍安徽金寨，生于广西柳州，兰州铁道学院（现兰州交通大学）给排水专业毕业，现任深圳万科股份有限公司董事长，兼任中国房地产协会常务理事等职务。

上榜理由

我们在生活中时常喜欢树立一个标杆，或者叫"假想敌"：班上学习成绩最好的同学，或者人缘最佳的同学……他们都是自己想要赶超的对象。而王石这句话却让我们蓦然发现，原来最好的参照系其实是我们自己，最难求解

第二章 最具影响力的当代名人名言榜

的方程也还是我们自己。充分地认识自我，发现自我，进而超越自我，那便是飞跃，便是成功——即使脚步再小，那也是自己进步的见证。

⑪ 保持自身的个性和尊重别人的个性同样重要。

——汪国真

汪国真（1956年—2015年），在北京第三光学仪器厂当过工人，1985年起在业余时间致力于诗歌创作，自称其创作得益于四个人：李商隐、李清照、普希金、狄金森。他先后供职于中国艺术研究院、《中国文艺年鉴》编辑部，是中国当代著名诗人。

上榜理由

个性究竟是什么？我们尝试过针锋相对、反其道而行……读了汪国真这句话，才发现我们对个性的理解实在有些偏颇。个性不等同于攻击性，在保有自己个性的同时，我们应该懂得尊重他人的个性，而不是否定和伤害。因为别人的个性与我们自己的个性同样值得珍惜与呵护，值得尊重与学习。

⑫ 运气永远不可能持续一辈子，能帮助你持续一辈子的东西只有你个人的能力。

——俞敏洪

俞敏洪（1962年—　），江苏江阴人，现任新东方教育科技集团董事长兼总裁、民盟中央教育委员会副主任、中国青年企业家协会副会长、中华全国青年联合会委员等职。

中外名人名言

上榜理由

运气是个行踪不定的侠客，如果我们整日守株待兔般眼巴巴地盼着他上门，他有可能偏偏无影无踪，或者我们只能眼睁睁地看着他去敲别人家的门。在俞敏洪看来，与其苦等运气，倒不如用心做好自己该做的事情，学业也好，工作也罢，用心去完成每一件事，锻炼自己的能力。只有这样，才有可能听到运气来敲门！

13 对困难先要对它说"是"，接纳它，然后试试跟它周旋，输了也是赢。

——史铁生

史铁生（1951年—2010年），中国电影编剧，著名小说家、散文家。双腿残疾的他自称"职业是生病，业余在写作"。2002年获华语文学传媒大奖年度杰出成就奖。他的著名散文《我与地坛》感动了无数人。

上榜理由

虽然史铁生走了，但是地坛还在。他留给我们的，是笑着对困难说"你好"的勇气。是的，困难是躲不掉的，越是想甩开它，它越是折磨你。最好的方法只能是"面对"，然后是用头脑思考战胜它的方法，用双手制造克服它的武器，用心智营造震慑它的气场……那么，再大的困难也可能被驯服。战胜困难的骄傲，体会了才能懂。

14 要成功需要朋友；要取得巨大成功，需要敌人。

——易中天

易中天（1947年— ），湖南长沙人，现任厦门大学人文学院教授、博士生导师，长期从事文学、美学、历史学等多学科和跨学科研究。他在央视《百家讲坛》主讲的"汉代风云人物""易中天品三国"系列，首播即获热评。

上榜理由

看到这句话让我们想起一句歌词："冷漠的人，谢谢你们曾经看轻我，让我不低头，更精彩地活。"我们不能只注意到朋友的存在，更要懂得"敌人"给我们带来的价值。当你有幸，人生走到获得成功的阶段，曾经那个敌人有可能已经淡化掉了，甚至有可能亦敌亦友，那就把手中的庆功酒也分一杯给你的"敌人"吧！

15 坚持下去，成功就在下一个街角处等着你。

——比尔·盖茨

比尔·盖茨（1955年— ），美国企业家、软件工程师、慈善家、微软公司的创始人。比尔·盖茨使个人计算机成了日常生活用品，并因而改变了每一个现代人的工作、生活乃至交往的方式。

上榜理由

回头看看，我们或许经历过很多事情，但都追不上成功的步伐，这时候的你是打算继续追逐呢，还是放弃呢？可能有的朋友连失败的结果都还没有耐心等待，就轻言放弃了，遑论成功！然而成功或许就在某个角落等待我们的到来，只需要再继续向前走一个路口。而我们所有的这些"路过"，也都将和比尔·盖茨一样，收获人生途中最宝贵的财富。

 中外名人名言

16 什么叫强者？一个知道积累自己人生经验的人就叫强者。

——郎咸平

郎咸平（1956年— ），生于中国台湾桃园县，曾任香港中文大学讲座教授，主要致力于公司监管、项目融资、直接投资、企业重组、兼并与收购、破产等方面的研究，成就斐然。其一些针砭时弊的经济言论，在社会上刮起了一阵"郎旋风"。

上榜理由

郎咸平一语中的，人原本就是经验性的动物。我们每时每刻从书本上、从他人那里获得的间接经验，从自己身体力行的实践中获得的直接经验，综合在一起，便成为我们赖以思考、判断、行动的依据。郎咸平所说的人生经验，往往未必是什么大事，甚至反而可能是一些小细节。一点点地累积这些，它们就会变成我们战胜困难的武器，帮助我们成为真正的生活强者！

17 想成为最优秀的人，就要向最优秀的人学习。

——沃伦·巴菲特

沃伦·巴菲特（1930年— ），著名的投资商，生于美国内布拉斯加州的奥马哈市。在2008年的《福布斯》排行榜上财富超过比尔·盖茨，成为世界首富。他倡导的价值投资理论风靡世界。

上榜理由

没有人生来就是优秀的。当婴儿呱呱坠地时，父母所能赐予他的，只是在未来成为优秀者的可能，而这种优秀，更多靠的是我们后天的努力，靠的是那颗好学而谦逊的心。只有当我们拥有了这种慧根，才会有善于发现别

人身上的优点并加以学习的本能，哪怕对方在别人眼中只是个不起眼的普通人。

❽ 生活是不公平的，不管你的境遇如何，你只能全力以赴。

——霍金

斯蒂芬·威廉·霍金（1942年— ），英国剑桥大学应用数学及理论物理学教授，当代最重要的广义相对论和宇宙论家，是当今享有国际盛誉的伟人之一，被称为在世的最伟大的科学家，还被称为"宇宙之王"。

上榜理由

对于我们每一个人，或许生活是不公平的，但从每个人指尖流逝而过的时间是公平的。从霍金身边流过的时间，和从我们身边流过的速度是同样的。霍金的话提醒着我们，不要忘记时间与际遇的关系：它们就仿佛两条无限前行的线，对全力以赴的人来说，它们会时而分离于失败，时而又交会于成功；然而对于无所事事的人而言，那只能是两条永不相交的平行线。

❾ 艰难的时候总会过去，只要你能坚持下来！

——大卫·贝克汉姆

大卫·贝克汉姆（1975年— ），生于伦敦，当今国际足坛的偶像派球星代表，曾任英格兰国家队队长，曾效力于曼联、皇马、AC米兰等俱乐部，在球场上司职右前卫或中前卫，其技术特点是右脚精准的长传、传中和极其出色的定位球。

　　这是贝克汉姆在某广告片中的一句经典台词,他用自己的经历诠释出坚持的意义——从失败的阴影中走出来,坚持自己的梦想,总有一天,即使是那些吝惜赞美的人也会为你起立鼓掌。这句话,激励着无数郁郁不得志的年轻人重新站起来,也感动着无数正奋力拼搏的人继续前进。

第三章　小学生最常用的50条名人名言

❶ 一年之计在于春,一日之计在于晨。

——萧绎

　　晨,亦然如此,万物在经过一夜的洗礼之后,恰如沐浴而出的姑娘,清秀靓丽,以崭新的姿态迎接新一轮的挑战,因为此刻的它对于万物都是平等的。古人曾说:"一年之计在于春,一日之计在于晨。"因而智慧的人们早在春天就播下了种子,从晨曦初露便开始学习,因为他们知道"春季如晨,晨如春季";然而不明智的人们却仍沉浸在美梦之中,浑然不知他们还未开始便已注定失败。

——节选自《一日如四季》

我的感悟

　　作者通过对早晨和春天的描写,展现了时光的美好和珍贵,表达了要抓住时间努力奋斗的感悟。

❷ 聪明在于勤奋,天才在于积累。

——华罗庚

范文展示

期末考试成绩终于出来了,光荣榜上我名落孙山。回到家中,我沮丧地走进卧室,反思最近这一段的学习生活:当别的同学都在挑灯夜战时,我在读心爱的漫画;当别的同学早晨诵读课文时,我却贪恋被窝的温暖;当别的同学认真完成老师布置的作业时,我却在敷衍了事……这一切都源于我认为自己有点小聪明,不用下太多功夫就可以掌握功课,殊不知:聪明在于勤奋,天才在于积累。徒留下今天的懊悔!

——节选自《记一次教训》

我的感悟

骄傲自满和自以为是,往往会导致失败。要想取得好的成绩,需要付出极大的努力。

❸ 有志者,事竟成。

——范晔

范文展示

伟大的发明家爱迪生,一生的成功不计其数,一生的失败更是不计其数。他曾为一项发明经历了8000次失败的实验,他却并不以为这是浪费,而是说:"我为什么要沮丧呢?这8000次失败至少使我明白了这8000个实验是行不通的。"爱迪生之所以没有被失败打败,而一次次满怀激情地投入实验,是因为他始终相信"有志者,事竟成"这个永恒的真理。

——节选自《我最敬佩的人——爱迪生》

我的感悟

小作者抓住爱迪生的典型事例进行写作,最后用一句名言来总结爱迪生精神的核心和精髓，写出了爱迪生值得敬佩的原因。

❹ 三军可夺帅也，匹夫不可夺志也。

——孔子

那天，我和妈妈单位的小朋友们一起玩游戏，游戏的主题是战争。我们一共10个孩子，分成了两个部队，分别由司令、参谋长、师长、排长和工兵组成。战争既有武斗也有文斗，因为我们部队的智勇双全和团结，对方很快就被我们击败了，他们的"司令"也被我们俘虏了。我们兴高采烈地要审讯"俘虏"，没想到这时候他们的"司令"说："三军可夺帅也，匹夫不可夺志也。"我们都为这句话所震动，决定放了他重新开始游戏。

——节选自《记忆深刻的一件事》

我的感悟

我们从小到大玩过无数游戏，而有些游戏让人刻骨铭心是因为一些细节：一个动作，一个眼神，甚至一句短短的话，比如小作者记叙的这句"三军可夺帅也，匹夫不可夺志也"。

❺ 天下兴亡，匹夫有责。

——顾炎武

表弟招人喜欢的另一原因是他经常乱用成语，让人捧腹。比如他爸爸是工程师，他说爸爸在工地上指手画脚；说妈妈是售货员，在商店里招摇撞骗；说自己在教室里总是目瞪口呆，充耳不闻；还说他们一家三口臭味相投。每次

讲话他总是要生拉硬扯地用成语显示自己的博学，让人忍俊不禁。这天我跟他一起去商店买水，看到路上有香蕉皮没有扔到垃圾箱里，为防止行人摔倒，我就上前捡起香蕉皮扔到了垃圾箱里。不想表弟这时摇头晃脑地说："天下兴亡，匹夫有责啊！"真是让人哭笑不得。

——节选自《可爱的表弟》

我的感悟

"天下兴亡，匹夫有责"原本是用来形容或强调个人对国家兴亡的责任感的，在文中却被小表弟用来称赞作者对环境爱护的责任心，让人忍俊不禁。

❻ 少而好学，如日出之阳；壮而好学，如日中之光；老而好学，如炳烛之明。

——刘向

话音未落，妈妈就攻击我："算了，你就别去了，你肯定坚持不了的。"我赶紧说："哎呀！我会坚持的，你就让我去吧。"我遵守诺言，认真地学起了古筝，虽然遇到了许多困难，但我都一一克服了，因为刘向的一句话始终激励着我："少而好学，如日出之阳；壮而好学，如日中之光；老而好学，如炳烛之明。"所谓活到老，学到老，如果现在不努力迎头赶上，那么我和别的小朋友的差距只会越来越大。何况，我现在还处于"少而好学"的阶段呢！经过一段时间的艰苦努力，我渐渐地能弹奏出美妙的乐曲了。

——节选自《我学古筝的故事》

我的感悟

小作者用刘向的经典名言来表达学习不息的观点，交代自己遇到困难不退缩、不气馁的原因所在，名言的激励作用可见一斑。

7 生当作人杰，死亦为鬼雄。

——李清照

"生当作人杰，死亦为鬼雄"是我的座右铭。正是这句话使我成了一个品学兼优的好学生……那是一堂语文课，陈老师让我们读作文，原本以为超越我的人有许多，因此，我不敢上讲台读我的作文。"写得真好，太棒了！""想象太丰富了！"……这一句句称赞别的同学的作文的话不断在我耳边响起，这使我更加没有勇气上去读了。"还有谁呀？"这时，"生当作人杰，死亦为鬼雄"这句话把我从胆怯中拉了出来。我鼓起勇气大声说："我来读。"……读完以后，教室里响起了雷鸣般的掌声。我的作文得到了老师和同学们的认可与称赞，真是不可思议。

——节选自《12岁的我》

我的感悟

文章刻画了一个12岁的刻苦学习、勇于展现自我的少年形象。引用的名言写出了小作者由胆怯变得勇敢的内在动力，具有强烈的感染力。

8 三人行，必有我师焉。

——孔子

假如时光可以倒流，我想回到小学二年级的暑假。当时，因为我的骄傲自大，我失去了一个好朋友。那个暑假，我和好朋友强强，还有他从外地来的表弟一起做暑假作业。刚好有个脑筋急转弯的题，我想当然地说出了答案，

强强的表弟却不那么认为。我们争论了很久,我固执已见,强强的表弟据理力争。后来,我竟大发雷霆,说强强的表弟是乡巴佬儿,不懂装懂。我气愤地从强强家里冲出来,再也没有和强强说过话。再后来,我懂得了"三人行,必有我师焉"的道理,懊悔自己当时的所作所为。可是一切都晚了,我永远地失去了这个好伙伴。

——节选自《假如时光可以倒流——记我最懊悔的一件事》

我的感悟

作者通过记述自己失去好朋友的亲身经历,用名言来说明当时的无知和骄傲,使懊悔之情的表达更加深刻。

9 业精于勤,而荒于嬉。

——韩愈

我滑了进去,里面的人有的单脚向前滑,有的倒着滑……我刚一放松,就"咚"的一声摔倒在地。我艰难地站了起来,慢慢地向前滑了还不到两米,就又摔倒了。看来我还没有真正学会,才两周没来,就已经生疏到这种程度了。我坚持站了起来,心想:这已经是第五次了,我一定要滑得熟练。我继续向前滑,这回我吸取了上两次的教训,不停地琢磨以往摔跤的原因,仔细观察别人的动作。经过不懈的努力,我终于巩固了我的滑冰技术,赢得了场内外人们羡慕的目光。滑冰的过程也让我深深明白了"业精于勤,而荒于嬉"的道理。

——节选自《我成功了》

我的感悟

文章用简洁的语言记叙了自己学滑冰的过程,两种场景的对比突出了勤奋练习的重要性,结尾用名言作总结,意味深远。

⑩ 书山有路勤为径，学海无涯苦作舟。

——韩愈

"丁零零，丁零零……"下课铃声又响了，尽管它有点单调，可在我听来，它就像一首悦耳动听的乐曲。因为老师一听到它，就宣布下课，让我们休息或做游戏。每到这时，同学们纷纷走出教室尽情玩耍。我们不是不明白"书山有路勤为径，学海无涯苦作舟"的道理，但是我们更明白劳逸结合的重要。在这宝贵的10分钟里，我们会尽量释放自己的能量，全身心地嬉戏、娱乐，为的是在下一个45分钟里能更加专注地学习。

——节选自《快乐的10分钟》

我的感悟

大家所熟知的这句名言被小作者巧妙地运用在文章当中，表达了劳逸结合的主题，旧话新用，避免了枯燥地说教。

⑪ 如果说我看得远，那是因为我站在巨人们的肩上。

——牛顿

昨天是我们家的家庭年度表彰大会。爸爸获得了最大贡献奖，他笑逐颜开地从颁奖人——妈妈手中接过奖杯和奖品，然后站在客厅中间发表获奖感言。他一改平日的轻松，严肃地说："'如果说我看得远，那是因为我站在巨人们的肩上。'我的成功离不开大家的支持，没有爱人辛辛苦苦操持家务，我就无法全身心地投入工作；没有乐乐的听话和懂事，我也无法专注于工

作。所以，这个奖项是属于我们三个的。"

——节选自《幸福的一家》

我的感悟

小作者巧妙地把牛顿这句话运用到自己家庭的一次有趣的颁奖活动中，烘托出了一家三口其乐融融、相亲相爱的气氛。

⑫ 合理安排时间，就等于节约时间。

——培根

张老师下午安排了一堂活动课。他把班里的40个同学分成了两组，要求完成相同的5件事，每组同学要争取在最短的时间内完成这5件事，获胜组有奖励。大家接到任务之后，叽叽喳喳地展开了讨论。大家绞尽脑汁，都希望尽快拿出自己认为最合理的方案，并抓紧有限的时间去实施。最后，我们组还是晚了5分钟。我们虽然没有获胜，但还是很开心，因为老师让我们在活动中明白了一个深刻的道理："合理安排时间，就等于节约时间。"

——节选自《一堂生动的课》

我的感悟

小作者记述了一次活动课，通过活动课的内容，同学们理解了合理安排时间的重要性。最后用名言作总结，加深印象。

⑬ 我好像一只牛，吃的是草，挤出的是奶、血。

——鲁迅

第三章 小学生最常用的50条名人名言

　　鲁迅曾经这么形容过他自己:"我好像一只牛,吃的是草,挤出的是奶、血。"我觉得奶奶也是这么一个无私奉献的人。她一个人几乎包揽了家里所有的活。庄稼成熟时,奶奶就到农田里收花生,钉耙在地里不停地翻飞,不一会儿,地上就出现了一颗颗饱满的花生。我把花生一个一个地放到袋子里。捡完花生,奶奶又背起这袋花生,走回家,把花生放到水里冲洗干净,还把一个一个的花生挨个儿地剥开了壳儿。之后,她还要给全家人做午饭,等大家都吃好了,她才吃早已不太热的午饭。

——节选自《勤劳的奶奶》

我的感悟

　　小作者对奶奶日常行为的描写和记叙体现了她的无私奉献和为全家人的操劳和付出。开头引用鲁迅的名言,使主题更加深刻。

14 走自己的路,让别人去说吧!

——但丁

　　彤彤和我在幼儿园的时候,就是很好的朋友了。她是我的邻居,我们每天都在一起玩,是形影不离的好朋友,大人们总说我们是"两块磁铁",似乎时时刻刻都会贴在一起。我和彤彤关系这么"铁",是因为我和彤彤"臭味相投":我们都爱看漫画,都喜欢周杰伦,都喜欢在周末的时候去游泳。最大的共同点是我们两个都很有主见,决定了什么事就会坚持去做,不管别人怎么看、怎么说。我俩的座右铭是:"走自己的路,让别人去说吧!"

——节选自《儿时的伙伴》

我的感悟

小作者详细交代了和朋友之间的亲密无间的关系,并从不同的方面交代了原因,引用名言指出这种关系形成的根源所在。

⑮ 凡事勤则易,凡事惰则难。

——富兰克林

开始试跳了,我闭上眼睛。"一、二、三,跳!"我双脚猛抬,纵身一跃。我不知道自己跳得好不好,在好奇心的驱使下,我睁开双眼,用卷尺量了量长度,唉,真少得可怜,才105厘米!这样的成绩,及格也达不到啊,这可怎么办?

就这样,我坚持每天花半个小时练习,并总结跳远的诀窍。经过半个月的努力,我的跳远成绩达到了优秀的标准!经过这件事,我才真正知道了"凡事勤则易,凡事惰则难"的真正含义。

——节选自《我克服了困难》

我的感悟

小作者选取体育课上跳远这一生动的画面作为写作对象,细节描写生动逼真,加上成功的心理描写,形象地诠释了名言的含义,强调了勤奋的重要性。

⑯ 学而不思则罔,思而不学则殆。

——孔子

我的妹妹是个小小书迷,她什么时候都带着书。有段时间,她一改早睡

第三章 小学生最常用的50条名人名言

早起的习惯，竟开始熬夜了，原来她从书上了解到有些人晚上会更有创造力，结果一周下来就有了两个大黑眼圈。妈妈终于开始干涉她了，告诉她"学而不思则罔，思而不学则殆"的道理，让她不仅要看书，而且还要思考，要寻找适合自己的方法，吸收有益的知识。妹妹从此掌握了读书的正确方法，更加热爱读书了。

——节选自《小小书迷》

我的感悟

　　小作者描写了妹妹一系列的古怪行为，这些行为原来都是在书本的影响下产生的，然而这些却未必都适合她，甚至影响到了她正常的生活。小作者用鲜活的例子，恰当地解释了名言的含义。

17 时间就像海绵里的水，只要愿挤，总还是有的。

——鲁迅

　　听到妈妈的批评，我心里真是一肚子的委屈。当我企图跟妈妈争辩的时候，鲁迅先生的一句名言在我耳边响起："时间就像海绵里的水，只要愿挤，总还是有的。"是啊！我还有什么借口跟妈妈说："我又要学钢琴，又要学画画，哪有时间复习数学啊？"

——节选自《只有60分》

我的感悟

　　小作者在描写自己的心理活动时，恰当地引用了鲁迅先生具有代表性的一句名言，富有哲理地表达了丰富的心理体验，为行文增添了文化内涵。

18 天才就是百分之九十九的汗水加百分之一的灵感。

——爱迪生

记得第一次去学古筝,听老师讲了第一堂课,我才知道得先记住这笨重的古筝上哪根弦是哪个音。这些弦和音闹得我头都大了!可是别的小朋友都这么认真,我怎么能轻易放弃呢?我咬咬牙坚持下来,日复一日,手指磨起了老茧,裹上了胶布。我始终坚信"天才就是百分之九十九的汗水加百分之一的灵感",我要付出那百分之九十九的汗水!……瞧,您现在听到的音乐就是我的毕业曲,是不是很棒?请为我竖起大拇指吧!

——节选自《请为我竖起大拇指》

我的感悟

小作者抓住"老茧"和"胶布"的细节进行描绘,突出了自己为学会古筝而付出的汗水和努力,结尾则讲述了自己获得的成绩,紧紧扣住了名言中的"汗水"和"天才"。

19 生命不可能从谎言中开出灿烂的鲜花。

——海涅

那天,我正和其他同学聊得热火朝天,不料,一高兴,手一挥,把我同桌书桌上的一摞书弄到了地上。顿时,我慌了神,要知道我的同桌喜欢把小事闹大,一旦闹大了就收不了场。想到这儿,我赶紧弯腰捡书,可就在这时,她走进了教室。看着她怒气冲冲的样子,慌乱间,我只好撒谎说是小华碰掉的。她顿时大发雷霆,拿起小华的书就摔在了地上。小华回来之后,和我同桌展开了激烈的争吵。我站在旁边,为自己的撒谎而懊悔不已,这样自己虽然一时逃避了责任,但是却冤枉了小华,我要怎样才能补救呢?……通过这件事，我深刻体会到：生命不可能从谎言中开出灿烂的鲜花。

——节选自《让我难忘的事》

我的感悟

小作者记述了自己因为一时糊涂而撒谎，结果引起另外两个同学的争吵，名言的引用使懊悔之情更加突出，耐人寻味。

㉒ 知识就是力量。

——培根

兔子回去之后，越想越不甘心，于是约定和乌龟再战一场，路线选择了山的下坡。比赛开始了，兔子心想这次再也不能睡觉了，它一鼓作气地冲上前去。由于下坡不宜过快，而兔子这样猛冲的结果就是令自己不停地摔跟头。而乌龟呢，在比赛前认真察看了场地，翻看了相关书籍，仔细阅读了下坡时的注意事项，稳步前进。最后，依靠知识，乌龟再次战胜了兔子，可见"知识就是力量"啊！

——节选自《龟兔赛跑续》

我的感悟

龟兔再次赛跑，乌龟再次取胜，原因何在？原来乌龟通过阅读获得了知识，抓住了关键，发挥了优势。小作者用名言简洁地解释了这一原因。

㉑ 尽信书，则不如无书。

——孟子

范文展示

我喜欢《三国演义》的宏伟气魄，也喜欢《红楼梦》的血泪交流；喜欢辛

弃疾的"沙场秋点兵",也喜欢李煜的"问君能有几多愁,恰似一江春水向东流";喜欢马克·吐温的幽默,也喜欢鲁迅先生辛辣的嘲讽……在文学的世界里,我读到了文学巨匠们的深刻思想,但我牢牢记得"尽信书,则不如无书"。阅读只能开拓自己的视野,而更重要的是从生活中汲取养分。

——节选自《我爱读书,但我更爱生活》

我的感悟

小作者交代自己热爱阅读之后突然转折,指出阅读的关键在于思考,在于将其应用到生活当中。名言的引用突出了文章的主旨。

22 勿以恶小而为之,勿以善小而不为。

——刘备

忽然,夏晓苏跑到屋子里喝水,此时此刻,阳台就剩我一个人了,鬼使神差般,我又来到那株茉莉前。我默默地说:"我只摘一朵,只一朵——我以后种了,赔她多少朵都行。"我伸出了颤抖的手,掐了一朵含香带露的小花,就慌慌张张地离开了她家。从此我一见到她就心里发慌,躲着她走,我好后悔。看来真的是"勿以恶小而为之,勿以善小而不为"啊!

——节选自《一件让我后悔的事》

我的感悟

小作者在描写自己因摘花而引发的不安时,引用了刘备的名言,深刻表达了自己的懊悔之情,深化了文章主题。

23 胜利者往往是从坚持最后五分钟的时间中得来成功。

——牛顿

范文展示

我们开始下棋了……我在拼杀,可是棋盘上的棋子所剩无几了,就这样,我输了一局。接下来又开始了一局,这次我已经有了经验,渐渐地懂得了一些作战的技巧。很快又到了残局,可是我一直不放弃,因为我相信"胜利者往往是从坚持最后五分钟的时间中得来成功",我又垂死挣扎了一会儿。但是,比起他来我还差很多经验,我又输了一局!但是我相信,只要我有信心、再接再厉,就一定能胜过他!

——节选自《第一次下棋》

我的感悟

小作者描述了自己初学下棋时的心理活动,名言的引用交代了小作者面对残局仍然坚持的原因。事件虽小,道理深刻。

24 学不可以已。

——荀子

范文展示

老师在讲台上念道:"李小明,59分。"我脑袋"嗡"的一声:怎么这么低的分数啊?全班不及格的才三个人啊!我此时羞愧得真想找个地缝钻进去,我迈着沉重的脚步走到老师面前,从老师手里迅速地取走了试卷。上次考试得第一的情景似乎还在眼前,我回忆着同学们羡慕的目光,悔恨的泪水涌了出来。仅仅一个月,因为自己的骄傲,因为自己的懈怠,成绩一下滑落了这么多。真是"学不可以已",要活到老学到老啊!我怎么能因为一次的成功就停止前进的脚步呢?

——节选自《考试之后》

我的感悟

　　荀子的这句名言强调了学无止境的重要性。小作者引用这句话,表现出自己深刻的反思,名言和反问句一起表达了自己的决心。

㉕ 理想的书籍,是智慧的钥匙。

——列夫·托尔斯泰

　　我读三年级时,语文成绩一直都很差,平时也不爱看书,只要一拿起书,我就觉得头很疼,感觉看书真的一点意思也没有。爸爸十分重视我的学习,他给我订了《语文报》《数学报》《时代英语报》,还给我买了许多课外书。他告诉我:"理想的书籍,是智慧的钥匙。"通过不断阅读,我爱上了书籍,虽然付出的汗水和心血比别人多,但毕竟得到了"文学博士"的称号,看来真的是勤能补拙啊!

——节选自《阅读并不难》

我的感悟

　　小作者引用托尔斯泰的名言,强调了爸爸买书订报的行为在自己语文成绩的提高上起了至关重要的作用,突出了书籍和阅读的重要性,呼应了文章主题。

㉖ 理想是人生的太阳。

——德莱塞

　　我的理想是当一名老师。我从小就崇拜老师,认为老师是一根蜡烛,牺牲了自己,照亮了别人;老师是一位辛勤的园丁,哺育着祖国的花朵;老师是

第三章 小学生最常用的50条名人名言

春蚕，奉献自己，装饰别人；老师是一根粉笔，牺牲自己，留下了知识……"理想是人生的太阳"，我一定要为实现自己的理想而努力奋斗！

——节选自《我的理想》

我的感悟

文章在末尾处引用名言，由写自己的理想自然地过渡到理想的实现，表明了自己实现理想的坚定信心，衔接自然。

27 不以规矩，不成方圆。

——孟子

范文展示

语文老师走进教室，对大家说："我们来玩一个传口令的游戏，规则是这样的——每组第一个同学到我这里，我悄悄地告诉他们要传的口令。游戏开始后，各组第一个人回到自己的组，把口令依次传下去。全部同学都传完后，由每组最后一个同学把口令写在纸上，交给我，然后由我公布正确答案。哪组传得又准又快，哪组获胜。"没等老师说完，我们就七嘴八舌地吵着让游戏快点开始。老师不高兴地说："游戏规则你们都听明白了吗？'不以规矩，不成方圆'，规则不听清楚，一会儿玩起游戏就会乱套。"我们低下了头，都希望能再听老师仔细说一遍游戏规则。

——节选自《特别的一课》

我的感悟

小作者引用孟子的一句话，交代了老师讲述规则的原因。古语的引用符合语文老师的身份，增强了文章的文化内涵。

28 学习必须与实干相结合。

——泰戈尔

范文展示

周末，爸爸妈妈都去医院看生病的奶奶，留我在家看门。到了中午吃饭的时候，我打开冰箱一看，都是昨天的剩菜，真不想吃啊！咦？我突然冒出个想法——自己做！平时看了那么多次妈妈做饭，自己也偷偷研究了半年的菜谱，该大显身手一次，让他们吃惊一下。我发现冰箱里有鸡蛋和西红柿，决定先从简单的做起——就做西红柿炒鸡蛋。……唉，真是看着容易做起来难啊！经过油放少了、蛋炒煳了、盐放多了的三次"洗礼"，我才炒出一盘像样的菜来，看来"学习必须与实干相结合"才行啊！

——节选自《第一次做饭》

我的感悟

文章结尾引用的泰戈尔的一句名言，是对自己第一次做饭的总结和反思，升华了文章主题。这个道理还可以应用到生活中的其他细节当中。

29 没有伟大的愿望，就没有伟大的天才。

——巴尔扎克

范文展示

我仔细地向王奶奶询问了黄鼠狼偷鸡的经过：原来，黄鼠狼这个鬼东西白天躲在柴垛里、草堆下养精神，晚上出来作案。它的身子很细，有个窟窿就能钻进钻出。它从鸡窝的通气孔进去，猛劲咬住鸡就往外拽。实在拽不出来，就咬断鸡的咽喉，拼命喝十几口血，吃上几块好肉，等主人赶来，它已经无影无踪了。根据现场调查，我们拟订了捉拿方案，然后便分头行动了。抓到真凶之后，邻居们纷纷夸我是小福尔摩斯，而爸爸则说是他的"没有伟大的愿望，就没有伟大的天才"的教子方针起了作用。

——节选自《小福尔摩斯》

第三章 小学生最常用的50条名人名言

我的感悟

"我"的成功,是在兴趣和理想的驱使下获得的。名言的引用突出了这一主题,强调了理想和愿望在行动过程中的重要性,突出了文章主题。

30 临渊羡鱼,不如退而结网。

——班固

上周末,我和爸爸一起去钓鱼。我们早早来到池塘,我帮爸爸拿着鱼饵,只见他自信地把鱼饵放到鱼钩上,然后抛到水中,只一会儿,就有鱼儿上钩。过了不久,爸爸就钓到了三条鱼。我看着好羡慕,心想:"临渊羡鱼,不如退而结网。"于是我就拿起爸爸的备用鱼竿,带了一把鱼饵走到了池塘的另一边。

——节选自《钓鱼记》

我的感悟

从羡慕到实际行动,小作者并不是仅停留在想象当中。小作者引用班固的这句名言恰当地概括了自己的行为,语言精练而意味深远。

31 冬天来了,春天还会远吗?

——雪莱

范文展示

原来,那颗错误地落在秋天土地里的种子,是因为他坚强地抵抗了刺骨的寒风、鹅毛般的大雪,把握住了自己的人生,乐观地看待一切,才成功的。"冬天来了,春天还会远吗?"他一直这么想着。

种子是否能开花不在于他是否饱满，而是他是否有想要开花的坚强、乐观。饱满的种子不一定能丰收；残缺的种子也能开出满树的花朵。

——节选自《种子》

我的感悟

小作者以拟人的手法，巧妙地将雪莱的名言作为种子的心思点出，让前文中种子所有的努力与拼搏也都在此得到了升华。种子的精神正是作者精神的投射，文意虽不直白，却易产生共鸣。

32 一个人可以被毁灭，但不能被打败。

——海明威

他的嘴角微微上扬，有些自豪，但更多的是平静与淡定，似乎在回答我，又似乎在自言自语："有什么好惋惜的呢？我没有被打败，这是最重要的！我努力过了，挺过来了，不是吗？在最孤独无助的时候，我总是告诫自己'一个人可以被毁灭，但不能被打败'。我挺过来了。我想，在最艰难的时候，每个人都必须坚守一个信念，或者说是信仰。不能被打败，这就是我的信仰。"

——节选自《我与桑地亚哥对话》

我的感悟

一句话带给人的力量，是无法用语言概括的，就仿佛一位智者时时护佑着你，感染着你，与你促膝长谈，推心置腹。小作者能将这种感受和体悟演绎为具象，颇见功力。

33 不积跬步，无以至千里；不积小流，无以成江海。

——荀子

第三章 小学生最常用的50条名人名言

范文展示

　　《荀子·劝学》在强调"学不可以已"的同时，同样表达了对坚持的推崇，这就是"不积跬步，无以至千里；不积小流，无以成江海"。不放弃努力，简单的一句话，包含的意义和隐藏在这意义之后的艰辛和曲折的过程却足以使我们每个人感慨万千。确实，有的人在走向目标的过程中停歇了，有的人在暂时的失败前止步不前了，有的人功亏一篑，事后后悔不已。但是只要我们能够再坚持一点，再努力一些，以足够的精神、勇气和智慧面对碰到的一切，是可以到达理想的彼岸，实现自己的人生目标的。

——节选自《不要放弃》

我的感悟

　　作者先以荀子的名言亮出文章观点，继而紧紧围绕这一核心展开论述，思路清晰，文气一脉相承。

34 生活是一面镜子，你对它笑，它就对你笑；你对它哭，它也对你哭。

——萨克雷

　　正像英国作家萨克雷所说，"生活是一面镜子，你对它笑，它就对你笑；你对它哭，它也对你哭"。成功的到来也正如一副对联："说你行你就行，不行也行；说不行就不行，行也不行。"这副对联应该有一个画龙点睛的横批，那就是我们今天的话题："自我评价"——你认为你行，你就能行；你认为你不行，那就真的不行。

——节选自《失败乃成功之母》

我的感悟

小作者借萨克雷之语,道出态度对人生的决定性作用,继而就"成功人生"之一脉写开去,仿佛建塔一般,最终道出自己的论点,层次清晰。

35 黑暗将使人更加珍惜光明,寂静将使人更加喜爱声音。

——海伦·凯勒

"黑暗将使人更加珍惜光明,寂静将使人更加喜爱声音。"海伦·凯勒是个非同一般的女孩,她有着拼搏到底的勇气和惊人的意志,还有一个为盲人福利奉献一生的理想。马克·吐温曾经说过:"19世纪出了两个了不起的人物,一个是拿破仑,一个是海伦·凯勒。"1959年,联合国发起了"海伦·凯勒"运动,号召全世界人民向她学习。海伦·凯勒是世界上少有的坚强人物。

读了《海伦·凯勒自传》,我完全进入了她的世界。我们所有人都应该向她学习,学习她无私奉献、助人为乐的精神。

——节选自《一本书给我带来的启示》

我的感悟

大多数人是怀着同情与钦佩之情来看待海伦·凯勒与命运的抗争的。而小作者还看到了海伦·凯勒在战胜病痛之外,对他人施与的帮助和引领,这些都源于海伦·凯勒对生命的热爱。

36 长风破浪会有时,直挂云帆济沧海。

——李白

史铁生摇着轮椅,从家"走"到了地坛。他对着古老的"坛"思索着,用心

第三章 小学生最常用的50条名人名言

去寻找属于自己的路。后来,他成了一位作家。在这众多的路中,必有一条路是属于自己的,找准了属于自己的路,就坚定地走下去。李白说:"长风破浪会有时,直挂云帆济沧海。"只要我们有乘长风破万里浪的胆略和勇气,就能够走好人生之路,达到"济沧海"的人生目标。在这条路上,有探索,有追寻,有人流血,有人牺牲,这条路上记载着人类奋斗的历史。

——节选自《路的联想》

我的感悟

有关人生的真理,往往是亘古不变的。正因为如此,我们才可能借文章聆听古人、今人,与之沟通,产生共鸣。小作者以"路"为思考对象,引出超越时间的无穷联想,文气贯通、一气呵成,令人读起来有酣畅淋漓之感。

37 花和人都会遇到各种各样的不幸,但是生命的长河是无止境的。

——宗璞

几天以后,我在宗璞写的《紫藤萝瀑布》里读到一段话:"花和人都会遇到各种各样的不幸,但是生命的长河是无止境的。"我忽然有了一股冲动,想看看那株被我压坏的玫瑰长得怎样。来到阳台,我不禁惊呆了。一团红红的花怒放着,似乎正在释放生命的能量。我突然感悟到人不是生来就被征服的,我们可以被打败,但不能被征服!三个月后,我的腿几乎痊愈了。

——节选自《生活需要学会承受》

我的感悟

小作者对名言的体悟,首先是由书中"所闻",之后又亲眼"所见",最后方有"所感所悟"。青春正是在无数个这样的过程中成长起来的,文章极具真实性,令人感同身受,自然具有感染力和说服力。

38 谁言寸草心，报得三春晖。

——孟郊

范文展示

有时，我也会问自己："难道上帝早已安排好了这一切，用这根牵挂之绳将我们彼此紧紧地联系在一起吗？"

同样的问题我也问过爸爸妈妈。"绿叶奉献给了大地，阳光奉献给了万物。"说着爸爸妈妈摸着我的头说，"爸爸妈妈就奉献给了你啊！"

这使我想到了孟郊的一句话："谁言寸草心，报得三春晖。"

为了那颗感恩的心，我手中的笔不停地运转……

为了那颗感恩的心，我要交出一份满意的答卷……

——节选自《为了那颗感恩的心》

我的感悟

小作者实际上是在用文字展现自己的探索过程：从疑惑，到向父母求解，再到感悟、感动、行动……如此一来，几乎是老生常谈的几个字，似乎变得不一样了，"孝"字也就格外有了分量——这其实便是生活本身的伟大。

39 如果你因为失去太阳而哭泣，那么你也会错过群星。

——泰戈尔

突然间我有了一种释然的快感，心里的自责和失落消失殆尽。因为同这样一个孩子相比，我的苦痛算不了什么。我想起泰戈尔的那句话："如果你因为失去太阳而哭泣，那么你也会错过群星。"

那时那刻，我便有了重读的强烈愿望……而今天，我又一次坐在了中考考场……

——节选自《错过太阳我不哭》

我的感悟

这句名言的运用让我们觉得这不是单纯地为作文加分，而是发自作者内心的对生活、对生命真实的感悟，更震撼读者、感动读者。

40 历览前贤国与家，成由勤俭败由奢。

——李商隐

范文展示

"历览前贤国与家，成由勤俭败由奢……"每天清晨，天刚蒙蒙亮，半山腰上，一个背着黄而旧的帆布包的十四五岁的少年，一边大步流星地走，一边口中念念有词。他好像特别喜欢"成由勤俭"这4个字，总是念得很响，回荡在山谷中，一遍又一遍地敲击着山里人的耳膜。

山，一座又一座，望不到尽头，贫瘠而苍凉；穷，一年又一年，盼不到终结，乏味而绵长。绿水环绕，苍松翠柏，却掩盖不住贫困的忧伤。少年强子就出生在这里。

——节选自《成由勤俭败由奢》

我的感悟

以李商隐的这句名句开篇，并且是从一个孩子嘴里说出来，引起读者无限的遐想，不知这个主人公的一生会是喜剧还是悲剧。同时这句话作为文章的主旨贯串全文，令人深思。

41 一个人，他不是因为美丽才可爱，而是因为可爱才美丽。

——列夫·托尔斯泰

俄国文学家列夫·托尔斯泰曾经说过:"一个人,他不是因为美丽才可爱,而是因为可爱才美丽。"是啊!一个人的美,他不仅要美在外表,更要美在内心。一个美的心灵,还要有一个美好的理想。只有为自己的理想奋斗下去,才是完善的美。

以前,我对美的认识并不是很多,那时,我以为一个人长得好看就是美。但是,有一件事改变了我对美的看法。

——节选自《我发现了生活中的美》

我的感悟

引用名言不是为了证明什么,而是抛出一个值得继续探讨研究的话题,不断纵深,从可爱之美,到美的内心,再到美的理想。之后小作者引出叙事部分,从事例的角度深化全文主旨。

㊷ 抛弃时间的人,时间也抛弃他。

——莎士比亚

范文展示

忽然,我的脑海中闪现出莎士比亚说过的一句话:"抛弃时间的人,时间也抛弃他。""是啊,现在我不正是那个把时间抛弃在动画片上的人吗?不行,我要赶快去写作业。"我这样想着,一看表,呀,我竟在这里白白浪费了40分钟,时间真的抛弃我啦!

——节选自《令我难忘的一句话》

我的感悟

小作者将名言融入对自己心理活动的描写中,真实而生动,全无呆板之小气，莎士比亚的名言仿佛也随着小作者的内心活动而生龙活虎起来。

❹❸ 满招损，谦受益。

——《尚书》

范文展示

小时候，我的成绩在班上一直很好，我难免有沾沾自喜的时候。有一次，我又开始骄傲了，爸爸妈妈把我拉到一边，说："《尚书》上说：'满招损，谦受益'，你可不能这样。""'满招损，谦受益'，什么意思呢？"我十分迷惑。爸爸告诉我："不管做什么事情，都要谦虚。如果受到一点表扬就骄傲自满，就肯定不会再进步了。"

——节选自《我又想起了那句话》

我的感悟

小作者对名言的引用极其灵活，不是例行公事地罗列文字，而是通过父母亲对自己的教诲，点出全文的"文眼"。

❹❹ 世界上最宽广的是海洋，比海洋更宽广的是天空，比天空更宽广的是人的胸怀。

——雨果

范文展示

雨果有句名言："世界上最宽广的是海洋，比海洋更宽广的是天空，比天空更宽广的是人的胸怀。"的确，中国也有句俗语："将军额上能跑马，宰相肚里可撑船。"这两句话都告诉我们要以一颗宽容的心去待人处世。一想到这儿，我的心跳不禁有点加速了，这两句话似乎就是用来教育我的：平时，我总是为了一点琐碎的小事向亲人使性子，与朋友们斤斤计较，动不动

 中外名人名言

就对同学们冷眼相待、怒目而视。

——节选自《读〈宽以待人〉有感》

我的感悟

小作者用雨果的名言开篇，同时联想到中国关于宽容的名句，再到生活中的自己，一步步用名言来省视自己的言行，水到渠成。这或许就是名言对我们而言最大的作用。

45 落红不是无情物，化作春泥更护花。

——龚自珍

 范文展示

"落红不是无情物，化作春泥更护花。"时间流逝，岁月变迁，世间的万事万物生生灭灭，都有着自己生命的意义。若说秋的萧条在于那飞落的黄叶，那便未免过于悲观。我要为黄叶喝彩。那被埋藏在泥土下的无声无息的黄叶变化自己的生命形态，为树的生长贡献着养料，它们的生长虽然停止，但它们却将自己的最后一点价值毫不保留地送给大地。这消失的落叶不也是第二个"春蚕"吗？黄叶不仅是美丽的终点，更是美丽的起点，我要为黄叶喝彩。

——节选自《思考带给我的快乐》

我的感悟

中学生能对人生有如此深沉的感悟，令人钦佩。尤为重要的是，在"为赋新词强说愁"的年纪，这种深沉非但不沉重，反而洋溢着乐观的情绪。小作者对龚自珍名句的引用，使得这种乐观远离盲目，更多了些理性色彩。

46 成功的时候，谁都是朋友。但只有母亲——她是失败时的伴侣。

——郑振铎

范文展示

郑振铎曾说过:"成功的时候,谁都是朋友。但只有母亲——她是失败时的伴侣。"是的,无论在我成功还是失败、得意还是失意时,母亲都扮演着必不可少的角色。

六年级小升初升学考试,我有幸考取市中,心里甭提多高兴了。可当开学的日子一日日向我逼近时,我的内心竟涌起阵阵惆怅与落寞。学校离家较远,所以我必须寄宿在校。出于对母亲的依赖与不舍,在开学的前一天,我抱住母亲,哭着嚷着,不肯去上学。

——节选自《带着微笑出发》

我的感悟

对伟大母亲的颂辞多是温暖而热情的,而郑振铎这句名言,自有其冷静客观的角度与深度。作者以此开篇,亮出主旨,为后文的具体叙事定音。

47 君子坦荡荡,小人长戚戚。

——孔子

范文展示

我想遇到这样的事,不妨看开一点,作一次换位思考,以一颗平常心去面对生命中的一切变化,你便会有意外的收获。古人云:"君子坦荡荡,小人长戚戚。"其实只要我们心胸开阔一点,襟怀坦荡,那就会觉得海阔天高,什么事情都能看开,心情自然也就乐观开朗了。所谓看开,不是那种世故,那种超然物外的隐者的做法,而是一种对生活的领悟,以广阔的胸怀去容纳生活中的一切事情,以海纳百川的心胸去面对世界。如果这样,我们还会有那些无端的烦恼吗?

——节选自《学会换位思考》

我的感悟

　　小作者先用孔子的名言劝诫人们襟怀坦荡些、凡事看开些；之后又对"胸怀宽广"的真意作进一步的探讨与甄别。行文的逻辑非常清楚，富有力量。

48 老吾老，以及人之老；幼吾幼，以及人之幼。

——孟子

　　"老吾老，以及人之老；幼吾幼，以及人之幼。"我们生活在一个需要爱心的世界里。花开，有绿叶扶持；月缺，有群星做伴；日出，有湖水梳妆。天地万物都懂得关爱，更何况我们呢？

　　在新的时代背景下，构建和谐美好的社会，是人们的期盼和追求。和谐社会需要爱心，美好生活需要互助，良好人际需要理解。人与人之间的和谐是构建和谐社会的基础，而和谐的人际关系最重要的是关爱，是一种发自内心的相互友爱、相互关心、相互帮助。

——节选自《用爱心构建和谐社会》

我的感悟

　　小作者将中国儒家学派对社会性的人的要求，归入到天地自然的运行之中，于是，爱不再是泛泛之言，而是可感可行的、事在人为的自然之道。

49 书读得越多而不加思考，你就会觉得你知道得很多。而当你读书思考得越多的时候，你就会清楚地看到你知道得还很少。

——伏尔泰

范文展示

　　然而，学习本身并非目的，学会举一反三、灵活运用知识才是真正的目

第三章 小学生最常用的50条名人名言

的。为此,我们就必须发挥主观能动性,进行积极、认真的思考,弄清知识的来龙去脉以及知识的有机联系。如果学到的东西不经头脑加工,就好比吃下的食物未经咀嚼、消化,即便是美味佳肴,也不会被身体吸收一样,非但无益,反而有害。法国作家伏尔泰对此有着十分精辟的论述,他说:"书读得越多而不加思考,你就会觉得你知道得很多。而当你读书思考得越多的时候,你就会清楚地看到你知道得还很少。"可见善于思考是多么重要!

——节选自《学习与思考》

我的感悟

小作者思路清晰,在论述方面颇具功力,却又不脱离生活本身。伏尔泰的名言在此发挥着总结性的功能,可以说是升华,是全文"文心"的"定心丸"。

50 粗缯大布裹生涯,腹有诗书气自华。

——苏轼

不漂亮有什么关系呢?苏东坡不是说过"粗缯大布裹生涯,腹有诗书气自华"吗?我喜欢读书,文学名著、唐诗宋词、小品散文,都是我的最爱。细雨朦胧的日子,拉上雨做的窗帘,便弥漫起一派古典的诗意。打开书本,就如同打开自己的心灵。或婉约,或清丽,或豪放,或狂傲的诗句,如同缤纷的花朵,摇曳着漫天的美丽。

——节选自《这就是我》

我的感悟

如此引言才真正是为行文服务的,是不露痕迹地锦上添花,更是为自己爱读书做了最完美的注脚。

第四章 适合小学生的名人名言集锦

成长·励志篇

个 性

你就是你现在这个人

一个人应该在自己灵魂深处树立一根标杆，从而把自己个性中与众不同的东西汇集在它的周围，显示出自己鲜明的特点。

——高尔基

每个人都是他自己个性的工程师。

——威尔逊

你可以相信一座山移动了位置，却不必去相信一个人改变了自己的个性。

——阿拉伯谚语

每个人的个性都有它自己的一套，理智也会被它牵着鼻子走。

——索尔·贝娄

人们生而平等，但又生来各有千秋。

——弗洛姆

第四章 适合小学生的名人名言集锦

每个人都有他隐藏的精华，和别人的精华不同，它使人具有自己的气味。

——罗曼·罗兰

世界虽大，也容不下两个在各方面都完全相同的人。

——纪伯伦

很难从一棵树上找到形状完全一样的两片叶子，也很难从一千个人中找到在思想感情上完全协调的两个人。

——歌德

纪伯伦

纪伯伦（1883年—1931年），被称为"艺术天才""黎巴嫩文坛骄子"，是阿拉伯现代小说、艺术和散文的主要奠基人，20世纪阿拉伯新文学道路的开拓者之一。

你有你的思想，我有我的思想。

——纪伯伦

一般来说，一个人的个性可能不合于"潮流"，却合于生活。为了追赶"潮流"而改变自己的个性，那不过是做了一篇虚情假意的"文章"。

——汪国真

凡是属于一个人的东西，即使他把它扔掉也无法与他脱掉干系。

——歌德

凡是压毁人个性的都是专制，不管它叫什么名字，也不论它自称是执

行上帝的意志还是自称是执行人们的命令。

——穆勒

做自己喜欢做的事情；做自己擅长做的事情！

——李彦宏

每个人能够获得绝对满足的途径就是自我个性的实现，即在实践中发挥别人所不能模仿的特点。

——西田几多郎

对每个人来讲，只有发挥了自己的个性，才能明确自己存在的理由，才会感到生活的意义。

——大松博文

不要无事讨烦恼，不作无谓的希求，不作无端的伤感，而要奋勉自强，保持自己的个性。

——德莱塞

我们不必羡慕他人的才能，也不须悲叹自己的平庸；每个人都有他的个性魅力。最重要的，就是认识自己的个性并加以发展。

——松下幸之助

说自己知道的话，干自己应该干的事，做自己想做的人。

——索菲亚·柯瓦列芙斯卡娅

尽力"成为某一个人"是没有用处的，你就是你现在这个人。

——马克斯威尔·马尔兹

第四章 适合小学生的名人名言集锦

保持自身的个性

每个人都是他自己个性的工程师。

——布特曼

在令人厌倦的旅途上,一个性格开朗的伙伴胜过一乘轿子。

——查尔斯·里德

没有个性,人类的伟大就不存在了。

——让·保尔

不管以什么名义,毁灭个性的做法就是专制。

——穆勒

人并不是"一般地"存在着……他的性格、气质、天资和性情正是他区别于其他人的地方。

——弗洛姆

人在很多情况下不仅不同于别人,而且在各时期中的自我也是各异的。

——帕斯卡

一个人没有了个性,便失去了自己。生活中一味地模仿之所以不可为,原因之一就在于它抹杀了个性。

——汪国真

一个人的个性应该像岩石一样坚固,因为所有的东西都建筑在它的上面。

——屠格涅夫

个性和魅力是学不来、装不成的。

——海因里希·伯尔

完善自己的个性

想当将军一定要有个性，但个性太强就做不了元帅。

——马云

狭隘的人总是想扼杀别人的个性；软弱的人随意改变自己的个性；坚强的人自然坦露真实的个性。

——汪国真

个性像白纸，一经污染，便永不能再如以前洁白。

——黑格尔

个性的全面发展意味着精神丰富、道德纯洁和体魄完美在个性中的和谐结合。

——赞可夫

良好的个性胜过卓越的才智。

——爱迪生

没有个性，不是一个好的艺术家；仅有个性，也不是一个好的艺术家。

——汪国真

人一生的任务恰恰是既要实现自己的个性，同时又要超越自己的个性。

——弗洛姆

第四章 适合小学生的名人名言集锦

要测量一个人的真实个性，只需观察他认为无人发现时的所作所为。
——麦考莱

如果你的个性让很多人对你敬而远之，那么你的个性是失败的。个性的成功在于能吸引，而不是能排斥。
——李开复

过于卓越的性格往往难以容身于社会生活之中，因此我们不带金块而带小额款项去市场。
——尚福尔

一个人的悲剧，往往是个性造成的；一个家庭的悲剧，更往往是个性的产物。
——柏杨

青春

青春是可贵的

年轻人欠缺经验，但请不要忘记：年轻是你最大的本钱。
——比尔·盖茨

长大了以后，你才会知道，在蓦然回首的刹那，没有怨恨的青春才会了无遗憾，如山冈上那静静的满月。
——席慕蓉

没有同青春的丧失同样重大的丧失。

——恩格勒

青春是生命中最美好的一段时间。

——黑格尔

青春是为一生奠定基础的时期。

——池田大作

人年轻的时候可以张狂一点，因为年轻人不怕犯错误，错了还有机会重来。老了就不行，错了就是错了，再也没有机会。

——姚明

青春是美妙的，挥霍青春就是犯罪。

——萧伯纳

人生的最大悲痛莫过于辜负青春。

——薄伽丘

青春须早为，岂能长少年。

——孟郊

题诗寄汝非无意，莫负青春取自惭。

——于谦

第四章 适合小学生的名人名言集锦

让青春放出光彩

年轻时是我们唯一拥有权利去编织梦想的时光。

——李嘉诚

青春的魅力，应当叫枯枝长出鲜果，沙漠布满森林。

——郭小川

青春在它即将逝去的时候最有魅力。

——塞涅卡

青年人充满活力，像春水一样丰富。

——拜伦

青春的朝气和前进不已的好奇心若消失，人生就没有意义了。

——穆勒

青年时种下什么，老年时就收获什么。

——易卜生

要做一番伟大的事业，总得在青年时代开始。

——歌德

啊，青春，青春！或许你美妙的全部奥秘不在于能够做出一切，而在于希望做出一切。

——屠格涅夫

青春即使在痛苦之中也闪耀着它的华彩。

——雨果

青春就像黄金，你想做成什么，就能成为什么。

——高尔基

一个民族的年轻一代要是没有青春，那就是这个民族的大不幸。

——赫尔岑

青春是一种奇妙的东西，外部红得发亮，内部却毫无所感。

——萨特

青年时期是豁达的时期，人应该利用这个时期养成自己豁达的性格。

——罗素

青春的词典里没有失败的字眼。

——李顿

大部分人都是因自己的早年造成了晚年的悲哀。

——拉布吕耶尔

青春是人生最快乐的时光，这种快乐往往是因为它充满着希望。

——卡莱尔

我始终记住：青春是美丽的东西，而且对我来说它永远是鼓舞的源泉。

——巴金

第四章 适合小学生的名人名言集锦

如果自己的青春不放出光彩，任何东西都会失去魅力。

——洛威尔

当青春的光彩渐渐消逝，永不衰老的内在个性却在一个人的脸上和眼睛上更加明显地表露出来，好像是在同一地方久住了的结果。

——泰戈尔

等青春轻飘的烟雾把少年的欢乐袅袅曳去，之后，我们就能取得一切值得吸取的东西。

——普希金

延续青春的心

谁能保持永远的青春，谁便是伟大的人。

——郭沫若

青年是多么美丽！发光发热，充满了彩色与幻梦，是书的第一章，是永无终结的故事。

——朗费罗

青春是不耐久藏的东西。

——莎士比亚

如果说青春也有缺点，那就是它消失得太快。

——洛威尔

 中外名人名言

谁能把青春保持到老年，不让自己的心灵冷却、变硬、僵化，谁就是幸福的人。

——别林斯基

谁能保持永远的青春，便是伟大的人。

——郭沫若

青春是一种持续的陶醉，是理智的狂热。

——拉罗什富科

保持一生健壮的真正方法是延长青春的心。

——威尔基·科林斯

青春是人生之花，是生命的自然表现。

——池田大作

青春之所以幸福，就因为它有前途。

——果戈理

勇气

勇气是人类最重要的特质

勇敢的人随遇而安，所到之处都是故乡。

——马辛杰·菲利普

第四章 适合小学生的名人名言集锦

正义的路是崎岖的路，它只欢迎勇敢的人。

——郭沫若

无畏的人面前才有路。

——有岛武郎

胜者靠的是勇气而不是力量。

——高尔基

勇者并不是蛮勇之谓。凡见义不为为非勇，欺凌弱小为非勇，贪图便宜、使乖取巧、自私自利皆为非勇。

——郁达夫

邹韬奋

邹韬奋（1895年—1944年），中国卓越的新闻记者、政论家、出版家。2009年9月14日，他被评为100位为新中国成立做出突出贡献的英雄模范之一。

由大智中产生大勇，由理解中加强信念，才是最坚毅的大勇与最坚强的信心。

——邹韬奋

勇气是人类最重要的一种特质，倘若有了勇气，人类其他的特质自然也就具备了。

——丘吉尔

75

告诉一个人他很勇敢,就是帮助他变得很勇敢。

——卡莱尔

勇敢就是自己最好的朋友。

——李嘉诚

由于虚荣心、好奇心,或者贪心去冒生命危险的人,不是勇敢的人。

——列夫·托尔斯泰

勇敢者是到处有路可走的。

——陀思妥耶夫斯基

光荣地活着和死去,是勇敢者的天职。

——索福克勒斯

幸运偏爱勇敢者。

——泰伦提乌斯

真正勇敢的人,应当能够智慧地忍受最难堪的屈辱,不以身外的荣辱介怀,用息事宁人的态度避免无谓的横祸。

——莎士比亚

为其所应为,这样的人才是勇敢的。

——列夫·托尔斯泰

有谋无勇只会是怯弱、欺诈;有勇无谋只会是愚蠢、疯狂。

——萨迪

第四章 适合小学生的名人名言集锦

勇敢的人可用生命冒险，但不以良心冒险。
——席勒

勇气很有理由被当作人类德行之首，因为这种德行保护了其余的德行。
——丘吉尔

最坚强的人是能够忍受最大孤独寂寞的人。
——易卜生

见义不为，非勇也。
——孔子

临危不怯就等于在战场上赢得了一半胜利。
——普拉图斯

在大胆的行为面前，议论和争辩显得如此贫乏可怜。
——惠特曼

克服恐惧、战胜恐惧即是勇气

敢于正视现实是有胆量的表现。
——爱默生

害怕，这是我们唯一应该害怕的东西。
——罗斯福

 中外名人名言

一支强大军队的勇气往往不是诞生在冲锋陷阵之中，而是表现在撤退中的冷静和沉着。

——马云

大胆的见解就好比下棋时移动一个棋子：它可能被吃掉，但它却是胜局的起点。

——歌德

在胆小怕事和优柔寡断的人眼里，一切事情都是不可能办到的，因为乍看上去似乎确实如此。

——瓦尔特·司各特

勇气几乎是一个矛盾的概念，它以时刻准备牺牲自己的形式表示强烈的生存欲望。

——切斯顿特

极其重大的第一条戒律：别让敌人把你吓坏了。

——艾略特

如果一个人从未经历过危险，我们不能担保他有勇气。

——拉罗什富科

当我们勇敢的时候，我们并不如此想，我们一点也不认为自己是勇敢的。

——尼采

勇敢并非没有恐惧，而是克服恐惧，战胜恐惧。

——马克·吐温

第四章 适合小学生的名人名言集锦

如果没有改造自我并进而改造自己境遇的态度和勇气,就不能成为一个排忧解难的人。

——池田大作

我们若习于蔑视危险而抗拒它,遂变为勇敢;既变勇敢以后,又更能冒险。

——亚里士多德

梦想的实现需要勇气去追求

凡是天性刚强的人,必定有自强不息的力量。

——罗曼·罗兰

在劳动和创造的领域里,我们不要担心大胆鲁莽。

——高尔基

一切梦想都能实现,只要我们有勇气追求。

——沃尔特·迪士尼

人只有鼓起勇气,告别海岸,才能发现新的海洋。

——安德烈·纪德

既然他有勇气去死,他应该也有勇气去斗争;不接受苦难不是力量的表现,而是懦弱的表现。

——巴尔扎克

不入虎穴，焉得虎子。

——班超

一切都需以智力获取，很多看似真理的事情，其实都大有问题，有勇气冲破知识的迷雾，才不愧是真正的学者。

——詹姆斯·布坎南

伟大的心胸，应该表现出这样的气概——用笑脸来迎接悲惨的厄运，用百倍的勇气来应付一切的不幸。

——鲁迅

名人故事

有一天，林肯步行到城里去。一辆马车从他身后驶来时，他扬手让车停下来，对车夫说："能不能替我把这件大衣捎到城里去？""当然可以，"车夫说，"可我怎样将大衣交还给你呢？"林肯回答说："哦，这很简单，我打算裹在大衣里头。"车夫被他的幽默折服，笑着让他上了车。

兴趣

兴趣是最好的老师

思维从惊讶和问题开始。

——亚里士多德

好奇的目光常常可以看到比它希望看到的更多的东西。

——莱辛

丁肇中

丁肇中（1936年— ），现任美国麻省理工学院教授，获得1976年诺贝尔物理学奖。他发现了一种新的基本粒子，并以和自己中文姓氏"丁"形似的英文字母"J"将那种新粒子命名为"J粒子"。

要从事科学研究，首先要有科学兴趣，再加上穷追不舍的好奇心。

——丁肇中

真正有出息的人是对名人感兴趣的东西感兴趣，并且在那上面做出成就，而不是仅仅对名人感兴趣。

——王小波

哪里没有兴趣，哪里就没有记忆。

——歌德

在某方面有才的人，对于某方面的事必感兴趣。

——冯友兰

唯有对外界事物抱有兴趣，才能保持人们精神上的健康。

——罗素

儿童学习任何事情的最合适的时机是当他们兴致高、心里想做的时候。

——约翰·洛克

学习知识是一种快乐，而好奇则是学习知识的萌芽。

——培根

使学生对一门学科有兴趣的最好办法是使之知道这门学科是值得学习的。

——布鲁纳

认为用强制的责任感就能产生观察和探索的兴趣，那是一种严重的错误。

——爱因斯坦

我认为做一个经营者有一个不可或缺的条件，那就是有经营兴趣。

——比尔·盖茨

兴趣意味着自我活动，兴趣须是多方面的。因此，要求多方面的活动。

——赫尔巴特

人人都应有一种深厚的兴趣或嗜好，以丰富心灵，为生活添加滋味，同时也可以借着它，对自己的国家有所贡献。

——戴尔·卡耐基

我认为对于一切学问，兴趣是最好的老师。

——爱因斯坦

没有兴趣指引，没有希望支持，生活就会翻来覆去，千篇一律。

——福楼拜

第四章 适合小学生的名人名言集锦

兴趣是生长中的能力的信号和象征，兴趣显示着最初出现的能力。

——杜威

一个明智的追求快乐的人，除了培养生活赖以支撑的主要兴趣之外，总得设法培养其他许多闲情逸趣。

——罗素

任何一个人，只要他的心和他的爱好遭到了破坏，他如花似锦的年华就会像春梦似的消磨过去。

——卢梭

知之者不如好之者，好之者不如乐之者。

——孔子

成功的秘诀是兴趣

学习的最大动力，是对学习材料的兴趣。

——布卢姆

在任何行业中，走向成功的第一步，是对它产生兴趣。

——威廉·奥斯勒爵士

兴趣能使人们的注意力高度集中，从而使得人们能完善地完成自己的工作。

——郭沫若

 **中外名人名言**

津津有味地学习的东西，能够很快地学会和牢固地掌握。

——赫尔巴特

对工作有了浓厚的兴趣，遇到困难、挫折，才能顽强攻克，百折不回。

——童第周

天才就是对某事具有强烈的兴趣和对某事顽强入迷。

——木村久一

全心全意地投入工作，要靠浓厚的兴趣支持。

——松下幸之助

根据一个人的兴趣，可以判断他的性格。

——歌德

成功的科学家往往是兴趣广泛的人。

——贝弗里奇

杨振宁

杨振宁（1922年— ），著名美籍华裔科学家、物理学大师、1957年诺贝尔物理学奖获得者。他在统计物理、凝聚态物理、量子场论、数学物理等领域做出多项卓越的重大贡献。

成功的真正秘诀是兴趣。

——杨振宁

第四章 适合小学生的名人名言集锦

好奇心造就科学家和诗人。

——法朗士

兴趣最狭窄的人懂得最少，然而什么都感兴趣的人则什么都不懂。

——黑兹利特

一个有勃勃生机与广泛兴趣的人，可以战胜一切不幸。

——罗素

告诉我你喜欢什么，我就可以说出你是什么样的人。

——拉斯金

挑 战

生活是一种挑战

接受挑战，就可以享受胜利的喜悦。

——乔治·巴顿

如果你过分珍爱自己的羽毛，不使它受一点损伤，那么，你将失去两只翅膀，永远不能够再凌空飞翔。

——雪莱

生活是一种挑战，迎接它吧！

——特蕾莎修女

中外名人名言

人生要不是大胆地冒险，便是一无所获。
———海伦·凯勒

所谓活着的人，就是不断挑战的人，不断攀登命运险峰的人。
———雨果

世界上没有伟大的人，只有普通人迎接的巨大挑战。
———哈尔西

要成功，你必须接受遇到的所有挑战，不能只接受你喜欢的那些。
———迈克·加弗卡

最具挑战的是自己

当我们面对挑战时，我们没有怯懦、没有退缩，更没有踟蹰不前。
———奥巴马

对我来说，第二、第三，哪怕是第十都没有什么区别，在我的字典里只有第一和不是第一。
———罗杰·费德勒

生命中的挑战并不是要让你陷于困顿，而是要帮助你发现自我。
———约翰森·里根

第四章 适合小学生的名人名言集锦

弗朗索瓦·拉伯雷

弗朗索瓦·拉伯雷(约1494年—1553年),文艺复兴时期法国最杰出的人文主义作家之一,他的主要著作是长篇小说《巨人传》。

不敢冒险的人既无骡子又无马;过分冒险的人既丢骡子又丢马。
——弗朗索瓦·拉伯雷

一次挑战就是向自己和他人证明你能力的一次机会。
——乔·布朗

挑战让生命充满意义

如果你从不接受挑战,你就永远感受不到胜利的刺激。
——英国谚语

整个生命就是一场冒险。走得最远的人,常是愿意去做,并愿意去冒险的人。
——戴尔·卡耐基

要记住:历史上所有伟大的成就,都是由于战胜了看来是不可能的事情而取得的。
——卓别林

习 惯

> 习惯是支撑命运的杠杆

习惯就是信念转变为习性和思想转变为行动的过程。

——乌申斯基

习惯比天性更顽固。

——昆图斯

起初我们养成习惯，后来习惯造就我们。

——王尔德

习惯是一个人思想与行为的领导者。

——爱默生

习惯是人类生活最有力的向导。

——休谟

习惯实际上已成为天性的一部分。

——亚里士多德

习惯正如在树皮上刻字，随着树木的成长，文字也会扩大。

——斯迈尔斯

人应该支配习惯，而决不能让习惯支配自己。

——奥斯特洛夫斯基

第四章 适合小学生的名人名言集锦

少成若天性，习惯如自然。

——孔子

习惯可以是一个使人失去羞耻的魔鬼，也可以是一个天使。对于勉力为善的人，它会用潜移默化的手段，使他弃恶从善。

——莎士比亚

习惯是一根大粗绳，我们每天都在捻着它，就是无法破坏它。

——贺拉斯·曼

习惯就是习惯，谁也不能将其扔出窗外，只能一步一步地引它下楼。

——马克·吐温

习惯是在习惯中养成的。

——普劳图斯

坏习惯能禁锢一个灵魂

根深蒂固的恶习绝非一朝一夕就能养成的。

——玉外纳

当你开始依照习惯行事，你的进取精神就会因此而丧失。

——乌纳穆诺

习惯支配着那些不善于思考的人。

——华兹华斯

习惯重于寒霜,根深蒂固,又如生命,罩在你身上,压得你喘不过气来。
——华兹华斯

世界上没有比习惯更专制的了。
——左拉

恶习变成人们的笑柄,是对恶习的致命打击。
——莫里哀

谁如果养成一种坏习惯,除非到死,否则永远难以摆脱。
——萨迪

改变好习惯比改掉坏习惯容易得多,这是人生的一大悲哀。
——毛姆

习惯如果不加抗拒,很快就会变成必需品。
——奥古斯丁

许多富有创见的人并没有想到他们会被习惯引入歧途。
——济慈

道德败坏在习惯形成时就已开始了。习惯是铁锈,侵蚀着钢铁般的灵魂。
——罗曼·罗兰

第四章 适合小学生的名人名言集锦

习惯的力量神通广大

习惯的力量是巨大的。

——西塞罗

任何事物都不及习惯那么神通广大。

——奥维德

习惯就是一切,甚至爱情中也是如此。

——沃维纳格

习惯使社会阶层自行分开,不相混杂。

——威廉·詹姆斯

习惯的力量比理智更加永恒,更加简便。

——约翰·洛克

习惯是推动社会前进的巨大飞轮和社会稳定最可贵的维护者。

——威廉·詹姆斯

人的思考取决于动机,语言取决于学问和知识,而他们的行动,则多半取决于习惯。

——培根

风俗习惯像透镜一样,没有它们,社会理论家什么也看不出来。

——本尼迪克特

心态

拥有阳光心态

谁脸上不充满自信和乐观的阳光，谁就永远不会变成一颗星。

——布莱克

美丽就是一种平和、自然的心态，即使不是一个天生丽质的人，只要拥有这样乐观、健康的心理，也一定会很好看。

——赵雅芝

乐观主义者总是想象自己实现了目标的情景。

——西尼加

最惨的破产就是丧失自己的热情。

——阿诺德

中文的"危机"分为两个字，一个意味着危险，另外一个意味着机会。

——布瑞杰

做个乐观主义者要这样——即使情况不佳，你也确信它会好转。

——兰斯顿·休斯

每一朵乌云后面都有阳光。

——吉尔伯特

第四章 适合小学生的名人名言集锦

一个人要对昨天的日子感到快乐，对明天感到有信心。

——华兹华斯

伊索

伊索，约公元前6世纪古希腊著名的寓言家。他与克雷洛夫、拉封丹和莱辛并称"世界四大寓言家"。公元前5世纪末，"伊索"就已是古希腊人尽皆知的名字了。

不要为突如其来的不幸而苦恼。因为不是与生俱来的东西，留也留不住。

——伊索

对世界上不幸的事情最好是一笑了之，不必用眼泪去冲洗。

——泰戈尔

改变心态便能改变生活

拥有初学者的心态是件了不起的事情。

——史蒂夫·乔布斯

心态若改变，态度跟着改变；态度改变，习惯跟着改变；习惯改变，性格跟着改变；性格改变，人生就跟着改变。

——马斯洛

改变态度，便能改变生活。没有任何外界的力量能够统治你。

——爱默生

不要把精力如此集中地放在所涉入的危险和困难上,相反要集中在机会上——因为危机中总是存在着机会。

——卡罗琳

不要把新掉的眼泪浪费在昔日的忧伤上。

——欧里庇得斯

平常、平和、平静、平淡的心态是一座桥,走过去是另一片天地!

——郑伊健

一个人老是愁来愁去,不久就要愁坏心肝,躺倒下来死掉。

——斯坦培克

心态决定前途

烦恼与欢喜,成功和失败,仅系于一念之间。

——大仲马

差不多任何一种处境——无论是好是坏——都受到我们对待处境的态度的影响。

——西尼加

态度决定成败,无论情况好坏,都要抱着积极的态度,莫让沮丧取代热心。

——吉格斯

第四章 适合小学生的名人名言集锦

如果你觉得能行就能行,你觉得不行就不行。

——玛丽·凯·阿什

事情取决于你如何看待它们。

——奥·斯韦特·马顿

一个人如果态度正确,便没有什么能够阻拦他实现自己的目标;如果态度错误,就没有什么能够帮助他了。

——杰斐逊

默认自己无能,无疑是给失败制造机会!

——拿破仑

世界如同一面镜子:皱眉视之,它也皱眉看你;笑着看它,它也笑着看你。

——塞缪尔

我可以拿走人的任何东西,但有一样东西不行,这就是在特定环境下人们选择自己生活态度的自由。

——弗兰克

奋斗

奋斗之心人皆有之

凡事欲其成功,必要付出代价—奋斗。

——爱默生

贝拉克·奥巴马

贝拉克·奥巴马（1961年—　），美国第44任总统。奥巴马是首位拥有黑人血统，并且童年在亚洲度过的美国总统。他与不同地方、不同文化背景的人共同生活过。

伟大不是凭空而来的，而是赢得的。我们的历程中，从来没有走捷径或是退而求其次。

——贝拉克·奥巴马

生命太过短暂，今天放弃了明天不一定能得到。

——李嘉诚

奋斗是万物之父。

——陶行知

奋斗之心人皆有之。

——李叔同

脚跟立定以后，你必须拿你的力量和技能，自己奋斗。

——萧伯纳

做了好事受到指责而仍坚持下去，这才是奋斗者的本色。

——巴尔扎克

对真理和知识的追求并为之奋斗，是人的最高品质之一。

——爱因斯坦

第四章 适合小学生的名人名言集锦

我相信为了达到一个目的必须去奋斗，我也相信人们为了达到某个目的而奋斗是有限度的。

——基辛格

成大事者，争百年，不争一息。

——冯梦龙

拼着一切代价，奔你的前程。

——巴尔扎克

成功之花，人们往往惊羡它现时的明艳，然而当初，它的芽儿却浸透了奋斗的泪泉，洒满了牺牲的血雨。

——冰心

你必须努力，否则结局就是被压在社会的底层。

——李开复

• 名人故事

美国总统林肯在读书的时候，有一次考试，老师问他："你愿意答一道难题，还是两道容易的题目？"林肯很有把握地说："答一道难题吧。""那你回答，鸡蛋是怎么来的？""鸡生的。"老师又问："那鸡又是从哪里来的呢？"林肯微笑着说："老师，这已经是第二道题了。"

努力奋斗成就价值

无论做什么事情，只要肯努力奋斗，没有不成功的。

——牛顿

我们应当努力奋斗，有所作为。这样，我们就可以说，我们没有虚度年华，并有可能在时间的沙滩上留下我们的足迹。

——拿破仑

千淘万漉虽辛苦，吹尽狂沙始到金。

——刘禹锡

只要我们有解决问题的一丝机会，我们便要奋斗。

——戴尔·卡耐基

一个人必须经过一番刻苦奋斗，才会有所成就。

——安徒生

终生奋斗，便成天才。

——门捷列夫

在全力以赴的努力奋斗中，人的心中会建起坚定的信心和信念。

——德田虎雄

我们所完成的任何科学工作，都是通过长期考虑、忍耐和勤奋得来的。

——达尔文

第四章 适合小学生的名人名言集锦

重要的不是成功,而是奋斗。

——赫伯特

人在他的历史中表现不出他自己,他在历史中奋斗着露出头角。

——泰戈尔

奋斗之心生生不息

无论如何都不要放弃,总要相信你的梦想是可以实现的,并且努力为它奋斗。

——科比·布莱恩特

攀登顶峰,这种奋斗的本身就足以充实人的心。人们必须相信,登山不止就是幸福。

——加缪

凡事欲其成功,必要付出代价:奋斗。

——爱默生

茅盾

茅盾(1896年—1981年),原名沈德鸿,字雁冰,浙江嘉兴桐乡人,中国现代著名作家、文学评论家和文化活动家以及社会活动家,"五四"新文化运动先驱者之一。

必须在奋斗中求生存,求发展。

——茅盾

奋斗的过程中，常会遭受挫折，唯有坚持到底，才能获得最后的成功。

——罗伯特·舒勒

想象你自己对困难做出的反应，不是逃避或绕开它们，而是面对它们，同它们打交道，以一种进取的明智的方式同它们斗争。

——马克斯威尔·马尔兹

停止奋斗，生命也就停止了。

——卡莱尔

没有争取是一劳永逸地完成的，争取是一种每天重复不断的行动，要一天又一天地坚持，不然就会消失。

——罗曼·罗兰

用一只干净的手和一颗纯洁的心去战斗，用自己的生命发扬神圣的正义，这真是优美的事情。

——罗曼·罗兰

只有这样的人才配生活和自由，假如他每天为之而奋斗。

——歌德

只要持续地努力，不懈地奋斗，就没有征服不了的东西。

——塞涅卡

第四章 适合小学生的名人名言集锦

自 信

相信自己，为自己喝彩

我从来没对自己失去过信心或者想放弃。不管你说我怎么样，我总能找到我自己行的理由。
——邓亚萍

先相信你自己，然后别人才会相信你。
——屠格涅夫

发光并非太阳的专利，你也可以发光。
——李嘉诚

思想家不需要旁人的赞赏或喝彩，只需要他对自己的鼓掌——这是不可缺少的自信心。
——尼采

亚洲有我，中国有我！
——刘翔

有信心未必会赢，没信心一定会输！
——刘德华

自信心和自尊心相辅相成，没有自尊心的人，绝不会有自信心。
——毛姆

相信自己是有才华的人，才对人类最有益。

——戴尔·卡耐基

只有信任自己的人，才有能力相信别人。

——弗洛姆

我们要以信心充实自己，就像我们每天以万物充实自己一样。

——马克斯威尔·马尔兹

你如何看待自己，远比他人如何看待你重要得多。

——塞涅卡

卓越的艺术成就只有用眼泪才能取得。谁不备受折磨，谁就不会有信心。

——安格尔

一个人除非自己有信心，否则不能给别人带来信心。

——阿诺德

在任何境遇中都应满怀信心

偶尔我也会担心是否会突然摔倒，但是只要我站在起跑线上，我就对自己充满信心，我相信我的技术和节奏。

——刘翔

信心因境遇而异：人在大厅说话与在阁楼说话是不同的。

——福楼拜

第四章 适合小学生的名人名言集锦

只有满怀自信的人,才能在任何地方都带着自信沉浸在生活中,并实现自己的意志。

——高尔基

一个人的自信和沉着并不在于地位显赫,而是有赖于他在所选择的道路上的成功,不论这个道路是怎样无关紧要。

——列夫·托尔斯泰

一个确信自己掌握了真相的人,是不会在乎别人的反对和认可的。

——欧文·斯通

诚如拿破仑所言,他的字典里没有"困难"二字,我的字典中也找不到"不成功"三个字。

——可可·香奈尔

无论什么时候,不管遇到什么情况,我绝不允许自己有一点点灰心丧气。

——爱迪生

谁中途动摇信心,谁就是意志薄弱者;谁下定决心后,缺少灵活性,谁就是傻瓜。

——诺尔斯

那些即使遇到了机会,还不敢自信必能成功的人,只能得到失败。

——叔本华

我绝不会说我是天下第一,可是我也绝不会承认我是第二。

——李小龙

●名人故事

林肯在任美国总统期间，有人认为他对待政敌的态度不够强硬，对他说："你为什么要让他们成为我们的朋友呢？你应该想办法消灭他们才对。"

"我难道不是在消灭政敌吗？当我使他们成为我们的朋友时，政敌就不存在了。"林肯温和地说。

自信让人勇往直前

青年人！信你自己吧！只有你自己是真实的，也只有你能够创造你自己。

——冰心

自信是一种感觉，有了这种感觉，人们才能怀着坚定的信心和希望，开始伟大而又光荣的事业。

——西塞罗

一个自信的人就会勇往直前。

——杜伽尔

自信是从事伟大事业所必须具备的素质。

——约翰逊

自信是成功的第一秘诀。

——爱默生

第四章 适合小学生的名人名言集锦

地位越高，自我评价就越高；自信心有多强，能力就有多强。
　　　　　　　　　　　　　　　　　　　——赫兹里特

我的胜利说明，黄皮肤的运动员能够同那些黑人和白人跑得一样快。
　　　　　　　　　　　　　　　　　　　——刘翔

我们必须有恒心，尤其要有自信力！我们必须相信我们的天赋是要用来做某种事情的，无论代价多么大，这种事情必须做到。
　　　　　　　　　　　　　　　　　　　——居里夫人

信心即是相信我们未见的事物，其报酬是让我们看见所相信的事物。
　　　　　　　　　　　　　　　　　　　——奥古斯丁

如果没有信心的话，你永远也得不到快乐。
　　　　　　　　　　　　　　　　　　　——拉罗什富科

自信是走向成功的第一步，缺乏自信是失败的重要原因。
　　　　　　　　　　　　　　　　　　　——莎士比亚

一个人，缺少了自信，就容易对环境产生怀疑与戒备，即所谓"天下本无事，庸人自扰之"。
　　　　　　　　　　　　　　　　　　　——罗兰

信心是家中隐藏着的资本。
　　　　　　　　　　　　　　　　　　　——歌德

对于凌驾于命运之上的人来说，信心是命运的主宰。
　　　　　　　　　　　　　　　　　　　——海伦·凯勒

在真空的生命里,每一桩伟业都由信心开始,并由信心跨出第一步。

——法捷耶夫

有了信心,你就会在严肃的现实生活中找到乐趣。

——泰戈尔

信心使一个人得以征服他相信可以征服的东西。

——萧伯纳

有信心的人,可以化渺小为伟大,化平庸为神奇。

——萧伯纳

要有自信,然后全力以赴——假如有这种信念,事情十有八九都能成功。

——威尔逊

幸 福

幸福之多重感悟

不要指望麻雀会飞得很高。高处的天空,那是鹰的领地。麻雀如果摆正了自己的位置,它照样会过得很幸福!

——刘心武

幸福永远存在于人类不安的追求中,而不存在于和谐与稳定之中。

——鲁迅

第四章 适合小学生的名人名言集锦

果实要成熟了以后才会香甜，幸福也是一样。

——席慕蓉

幸福是一只蝴蝶，你要追逐它的时候，总是追不到；但是如果你悄悄地坐下来，它也许会飞落到你身上。

——霍桑

有生活就有幸福。

——列夫·托尔斯泰

幸福就是一种确证感，你能被人承认，确确实实感到一种幸福。而幸福是用心灵来感受的，是不能通过训练得来的。

——易中天

幸福——就是对幸福的期待。

——尤里·邦达列夫

幸福喜欢捉迷藏。我们年轻时，它躲藏在未来，引诱我们前去寻找它。曾几何时，我们发现自己已经把它错过，于是回过头来，又在记忆中寻找它。

——周国平

森村诚一

森村诚一（1933年— ），日本著名推理小说作家，与高木彬光、江户川乱步、佐野洋、横沟正史并称为"日本推理文坛五虎将"。代表作品有《大城市》《分水岭》等。

 中外名人名言

幸福越与人共享，幸福的程度越会增加。
——森村诚一

幸福是太多和太少之间的一站。
——波洛克

幸福是想象中的东西。从前，生者认为死者幸福，孩子则认为大人幸福。
——托马斯·曼

幸福是灵魂的一种香味，是一颗歌唱的心的和声。
——罗曼·罗兰

极端幸福和极端不幸的人，都会滋生一种冷酷无情的倾向。
——孟德斯鸠

最幸福的人只是受苦最少而已，最痛苦的人只是享乐最少而已。
——卢梭

一个人永远不会像他所想象的那样不幸，也不会像他所希望的那样幸福。
——拉罗什富科

描绘幸福就是削弱幸福。
——司汤达

只有当一个人的生命在辉煌中结束时，我们才敢说他是幸福的。
——埃斯库罗斯

第四章 适合小学生的名人名言集锦

一个农夫和一个哲学家也许会同样满足,但绝不可能同样幸福。幸福是由多种愉快的自我意识组合而成的。

——约翰逊

幸福是一种神秘之物。幸福从来不需要使之合理的阐述和说明。

——切斯特顿

人类所以要生存在世界上,并非为了当富翁,而是为了获得幸福。

——司汤达

名人故事

美国总统林肯是个异常幽默又不乏机智的人。有一次,他正在白宫擦自己的鞋子。一位外交官员走过来,有点很不友善地说:"你身为总统竟然擦自己的鞋!"林肯漫不经心地说:"是啊!那你擦谁的鞋?"这位外交官顿时哑口无言。

获得幸福的秘诀

获得幸福的不二法门是珍视你所拥有的,遗忘你所没有的。

——李嘉诚

人人都希望过上幸福快乐的生活,而幸福快乐只是感觉,同内心相连,与贫富无关。

——于丹

 中外名人名言

幸福往往并不在于欢乐本身，而是在于对欢乐的渴望和期待。
——希尔德烈斯

自觉幸福的人，生命便是享受，自觉不幸福的人，生命便成了苦斗的战场，或无可奈何的负担。
——赵淑侠

幸福不在理想之中，而在具有明确目标的长期的日常劳动之中。
——列夫·托尔斯泰

谁是幸福的人？只有感到他人的功绩、视他人之乐如自己之乐的人，才是最幸福的人。
——歌德

愚昧从来没有给人带来幸福；幸福的根源在于知识。
——左拉

幸福的秘诀是：让你的兴趣尽量地扩大，让你对人对物的反应尽量地倾向于友善。
——罗素

你发怒一分钟，便失去了六十秒钟的幸福。
——爱默生

幸福永远在我们所能达到的地方。我们只需伸出手去，就可捉住它。
——乔治·桑

第四章 适合小学生的名人名言集锦

生活最高的奖赏、人生最大的幸运，就是有一种与生俱来的强烈爱好，使你可以在追求中赢得事业和幸福。

——爱默生

一生为工作而进行探索的人是幸福的，因为他无须再探索其他的幸福了。

——卡莱尔

人才

环境造就人才

天生我材必有用。

——李白

人类中的每一种人才，同每一种树一样，都有它自己完全特殊的性质和果实。

——拉罗什富科

只有崎岖的未经修凿的道路，才是人才的道路。

——布莱克

天才免不了有障碍，因为障碍会创造天才。

——罗曼·罗兰

路不险，则无以知马之良；任不重，则无以知人之才。

——徐干

 中外名人名言

要使山谷肥沃，就得时常栽树。我们应该注意培养人才。

——约里奥·居里

"神童"和"天才"，如果没有适当的环境和不断的努力，就不能成才，甚至堕落为庸人。

——维纳

狄德罗

狄德罗（1713年—1784年），法国18世纪杰出的启蒙思想家、唯物主义哲学家和教育理论家。他是美学家、文学家，百科全书派代表人物，法国第一部《百科全书》主编。

精神的浩瀚，想象的活跃，心灵的勤奋，就是天才。

——狄德罗

得人才者得天下

得十良马，不若得一伯乐。

——《吕氏春秋》

爱惜才华吧，保护那些才华修美的人物吧。文明的民族啊，培养他们吧。

——卢梭

第四章 适合小学生的名人名言集锦

录人一善,则无弃人。采材一用,则无弃材。
——魏朗

世有伯乐,然后有千里马。
——韩愈

富民之本在得人。
——司马光

兴邦在人材。
——陆游

人才者,求之则愈出,置之则愈匮。
——魏源

一个人不可能精通所有的事,每个人都有他的特长。
——欧里庇得斯

能用人者,无敌于天下。
——王夫之

为天下得人难。
——孟子

人才是利润最高的商品,能够经营好人才的企业才是最终的大赢家。
——柳传志

好乐队与坏乐队的最大差别在于好乐队的每个座位上的人都很重要。

——小泽征尔

白居易

白居易（772年—846年），字乐天，号香山居士，唐代伟大的现实主义诗人，中国文学史上负有盛名且影响深远的诗人和文学家，他的诗歌题材广泛，形式多样，语言平易通俗，有"诗魔"和"诗王"之称。

古称国之宝，谷米与贤才。

——白居易

名人故事

苏格拉底就要被处决了，他衣衫褴褛、散发赤足，面容却镇定自若。打发走妻子、家属后，他与几个朋友侃侃而谈。朋友悲伤地说："我是多么不希望你被如此不公正地处死啊！"苏格拉底平静地说："难道你希望看到我被公正地处死吗？"

让人才发光发热

人之才器，各有分限，大小异宜，不可逾量。

——魏征

第四章 适合小学生的名人名言集锦

良才不隐世。

——陶渊明

人才缺乏，要建国图强，亦徒成虚愿。反之，资源匮乏的国家，若人才鼎盛，善于开源节流，则自可克服各种困难，而使国势蒸蒸日上。

——李嘉诚

一代之治，必有一代之人才任之。

——龚自珍

有了天才不用，天才一定会衰退的，而且会在慢性的腐朽中归于消灭。

——克雷洛夫

培养人才，不能仅看毕业的时候有用，毕业后40年、50年都有用，才叫有用。

——张信刚

天才是矿石里的黄金；人才是采它出来的矿工。

——布莱希特

孔子学礼

孔子是我国古代伟大的思想家、教育家，儒家学派的创始人。他出生于鲁国一个武官之家，他出生时长得很是怪异难看：鼻孔朝天、牙齿暴露，头顶凹陷得仿佛是一座山丘。孔子的父亲看着孩子的样子，便给他取名为孔丘，字仲尼。

孔子的父亲在孔子三岁时就去世了，孔子从小由母亲养大。孔子的母亲颜氏很贤德，经常教孔子识字、读书。孔子自幼聪明，母亲教他说话、识字，他学一两遍就记住了。

孔子从很小的时候就对礼仪知识特别感兴趣，总是问个不休。孔子三岁那年，一天狂风大作，雷声阵阵，孔子的母亲正忙着收衣服，看见孔子一个人拿着俎(古代祭祀时盛牛羊等祭品的器具)走出家门。过了一会儿，还不见孔子回来，母亲出门一看，发现孔子在门口用土堆和草在祭祀，口中还念念有词。她招呼孔子说："要下雨了，快别玩儿了，赶紧回家来。"孔子一本正经地回答母亲说："我不是在玩儿，我是在学习如何祭天。"

孔子的母亲愣住了，可她仔细看着一招一式都很认真的孔子，觉得他确实不是在玩儿。她心里暗暗思量：这孩子的兴趣很好，不如趁机引导他。于是就把孔子送到了外祖父家。孔子的外祖父是个很懂礼法的人，在他的教导下，孔子进步更大了。

小福特的"秘密武器"

亨利·福特是美国福特汽车公司的创始人,被誉为"汽车大王"。1863年,他出生于美国密歇根州的一个富裕农民家庭。但是,他自小就对扛铁锹锄头下地干活、挤牛奶、养马等农事很厌恶。与此相反,他对摆弄机械兴趣极浓。年仅7岁,他就是轰动全镇的天才少年技师了。

小福特对"嘀嘀嗒嗒"走个不停的钟表特别好奇,总爱拆开来探个究竟。家中几乎所有的钟表都被他拆得七零八落。因此,家里人只要看见小福特回来,便立刻慌慌张张地把那些手表藏起来。不久,他除了修理自己家里的钟表外,还替所有邻居修理钟表。一次,他家的一个朋友说:"福特家的每一个钟表看见福特走过来就哆嗦!"

小福特在自己房间的床头柜里藏了7种"秘密武器":钻孔机、锉刀、铁锤、铆钉、锯子、螺栓和螺丝帽。锉刀是用捡来的铁片切割而成的,钻孔机则是用从母亲那儿偷来的棒针改造的。7岁的小孩将这些工具收集得如此完备,简直令人惊叹。

但小福特的兴趣不只限于钟表,新的农具一到家里也会被他拆得支离破碎。后来,他的兴趣又扩展到机器制造。这种爱好为他以后事业的成功打下了良好的基础。

挑战缺点

富兰克林有一个习惯,每天晚上都要反思自己一天的不足之处,他总结出13个很严重的错误,如浪费时间、为小事烦恼、和别人争论冲突等。

富兰克林清楚地知道,除非他能够减少这类错误,否则就不可能有什么成就。从此以后,他便一个礼拜选出一项缺点来进行"挑战",并把"挑战"结果做成记录。到了下个礼拜,他会另外挑出一项缺点,去做另一场"挑战"。富兰克林每个礼拜改掉一个坏习惯的战斗持续了两年多。

正是这一检视自我努力改正缺点的习惯,使富兰克林取得了如此巨大成功,成为美国历史上最受敬爱也最具影响力的伟大人物之一。

我们可否像富兰克林那样,检视自己的缺点,并与之进行坚持不懈的挑战,直至胜利为止呢?

道德·修养篇

自 尊

自尊是最可贵的品质

只有尊重自己的人，才会尊重别人。

——亨利·詹姆斯

无论是别人在跟前或者自己独处的时候，都不要有一点卑劣的事情；最要紧的是自尊。

——毕达哥拉斯

人必其自爱也，而后人爱诸；人必其自敬也，而后人敬诸。

——扬雄

卡尔·马尔登

卡尔·马尔登（1912年—2009年），美国好莱坞著名演员。1989年至1992年，马尔登任美国电影艺术与科学学院主席。2004年，美国电影演员协会授予马尔登终身成就奖。

自我尊重者不恨自己，不恨自己者不恨他人。

——卡尔·马尔登

 中外名人名言

对人来说,最重要的东西是尊严。

——普列姆昌德

自尊心是进步之母,自贱心是堕落之源,故自尊心不可无,自贱心不可有。

——邹韬奋

人类有许多高尚的品格,但有一种高尚的品格是人性的顶峰,这就是个人的自尊心。

——苏霍姆林斯基

每一个正直的人都应该维护自己的尊严。

——卢梭

一个人能否有成就,只看他是否具备自尊心与自信心两个条件。

——苏格拉底

不尊重别人的话,自尊心就好像一颗经不住阳光的宝石。

——诺贝尔

谁有自尊,谁就会得到尊重。

——巴尔扎克

那种真正的尊严,就是不会因他人的漠视而有所减损的尊严。

——哈马舍尔德

保护自己，维护自尊

无论谁想获得自尊的名声，都应该隐藏起他的自负。
——斯威夫特

珍视思想的人，必然珍视自己的尊严。
——苏霍姆林斯基

不要让一个人去守卫他的尊严，而应该让他的尊严来守卫他。
——爱默生

如果还有点自尊心，就不应该由于疏懒或者忠厚而置人身侮辱、诽谤于不顾。
——普希金

自尊不是轻人，自信不是自满，独立不是孤立。
——徐特立

善良

善良是一种光荣的标志

善良，是一种世界通用的语言，它可以使盲人看到，聋子听到。
——马克·吐温

灵魂最美的音乐是善良。

——罗曼·罗兰

善良是唯一永不致失败的投资。

——梭罗

善良——人所固有的善良,这些东西唤起我们一种难以摧毁的希望,希望光明的、人道的生活终将复苏。

——高尔基

善不是一种学问,而是一种行为。

——罗曼·罗兰

善良是历史中稀有的珍珠,善良的人便几乎优于伟大的人。

——雨果

善良是最光荣的标志,是坦白地承认自己错误以及别人的错误,用其道德的力量去制止趋于邪恶的倾向,不愿追随这一倾向,希望更好、期望更好。

——蒙田

善良是一种可贵的美德

没有一个善良的灵魂,就没有美德可言。

——贝多芬

真正有才能的人总是善良的,坦白的,爽直的,绝不矜持。

——巴尔扎克

第四章 适合小学生的名人名言集锦

在一切道德品质之中，善良的本性在世界上是最需要的。

——罗素

善不可失，恶不可长。

——左丘明

对自然美抱有直接兴趣，是心地善良的标志。

——康德

与其说是为了爱别人而行善，不如说是为了尊敬自己。

——福楼拜

从善如流，疾恶如仇。

——左丘明

做一个善良的人，为人类去谋幸福。

——高尔基

善良和谦虚是永远不应令人厌恶的两种品德。

——史蒂文森

让善良成为处世的名片

善人者，人亦善之。

——管仲

予人以善，别人也将还你以善。

——爱默生

 中外名人名言

感人肺腑的人类善良的暖流，能医治心灵和肉体的创伤。

——罗佐夫

没有单纯、善良和真实，就没有伟大。

——列夫·托尔斯泰

人而好善，福虽未至，祸其远矣。

——曾子

善良的行为有一种好处，就是使人的灵魂变得高尚了，并且使它可以做出更美好的行为。

——卢梭

罗伯特·勃朗宁

罗伯特·勃朗宁（1812年—1889年），英国诗人、剧作家，与丁尼生齐名，是维多利亚时代两大诗人之一。他以精细入微的心理探索而独步诗坛，对英美20世纪诗歌产生了重要影响。

行善比作恶明智；温和比暴戾安全；理智比疯狂适宜。

——罗伯特·勃朗宁

节俭

节俭是一生的财富

谁在适当的时候节约了什么东西,以后遇到困难就有什么东西。
——格林兄弟

从来好事天生俭,自古瓜儿苦后甜。
——白朴

谁在平日节衣缩食,在穷困时就容易渡过难关;谁在富足时豪华奢侈,在穷困时就会死于饥寒。
——萨迪

节俭是你一生中食用不完的美筵。
——爱迪生

家勤则兴,人勤则健;能勤能俭,永不贫贱。
——曾国藩

挣了钱却不知道节省的人只能劳累终生。
——切斯特菲尔德

爱俭朴限制了占有欲。
——孟德斯鸠

家有千金之玉，不知治，犹之贫也。

———韩婴

珠玉买歌笑，糟糠养贤才。

———李白

奢者心常贫，俭者心常富。

———谭峭

没有一种获得比从我们的节俭中省下来的确切可靠。

———培根

节俭中蕴藏一切美德

节用于内，而树德于外。

———左丘明

节俭乃充分利用生命之艺术，崇尚节俭乃诸美德之本。

———萧伯纳

节俭之中蕴藏着一切美德。

———西塞罗

节俭朴素，人之美德。

———程颐

第四章 适合小学生的名人名言集锦

节俭是哲学家的基石。

——托富勒

节俭是一门艺术，它能使人最大限度地享用生活。热爱节俭是一切美德的根本。

——萧伯纳

节约——穷人的财富，富人的智慧。

——大仲马

俭约，所以彰其美也。

——司马光

节约是避免不必要开支的科学，是合理安排我们财富的艺术。

——塞内加

俭朴生活，不但可以使精神愉快，而且可以培养革命品质。

——徐特立

成由勤俭败由奢

天下之事，常成于勤俭而败于奢靡。

——陆游

处逸乐而欲不放，居贫苦而志不倦。

——王充

 中外名人名言

克勤于邦,克俭于家。

——《尚书》

人生在勤,不索何获。坐吃山空,立吃地陷。

——秦简夫

朱柏庐

 朱柏庐(1627年—1698年),名用纯,字致一,自号柏庐,著名理学家、教育家。他居乡教授学生,潜心治学,以程、朱理学为本,提倡知行并进,躬行实践。著有《朱子家训》《四书讲义》《困衡录》等。

一粥一饭,当思来之不易;半丝半缕,恒念物力维艰。

——朱柏庐

挥霍无度的人,等于将自己的前途抵押了出去。

——富兰克林

俭节则昌,淫佚则亡。

——墨子

任意浪费必然导致令人苦恼的匮乏。

——托富勒

奢未及侈,俭而不陋。

——张衡

居安思危，戒奢以俭。

——魏征

奢侈会破坏人们的心灵纯质，因为不幸的是，你获得愈多，就愈贪婪，而且总感到不能满足自己。

——安格尔

贪图享乐的人，必将在享乐中堕落。

——马洛

爱国

我们都是龙的传人

我爱我的祖国，爱我的人民，离开了她，离开了他们，我就无法生存，更无法写作。

——巴金

爱国之心，实为一国之命脉。

——蔡元培

丈夫不报国，终为贫贱人。

——陈恭尹

我的事业在中国，我的成就在中国，我的归宿在中国。

——钱学森

 中外名人名言

我生平优点不多,但自谓爱国不甘后人,即使把我烧成了灰,每一粒灰也还是爱国的。

——季羡林

我们是国家的主人,应该处处为国家着想。

——雷锋

国耻未雪,何由成名?

——李白

常思奋不顾身,而殉国家之急。

——司马迁

平生铁石心,忘家思报国。

——陆游

国而忘家,公而忘私。

——班固

捐躯赴国难,视死忽如归。

——曹植

我以我血荐轩辕。

——鲁迅

宁做流浪汉,不做亡国奴。

——丰子恺

第四章 适合小学生的名人名言集锦

风声、雨声、读书声，声声入耳；家事、国事、天下事，事事关心。
　　　　　　　　　　　　　　　　　　——顾宪成

锦城虽乐，不如回故乡；乐园虽好，非久留之地。归去来兮。
　　　　　　　　　　　　　　　　　　——华罗庚

我是华夏儿女，理所当然地要把学到的知识全部奉献给我亲爱的祖国。
　　　　　　　　　　　　　　　　　　——李四光

一片赤心为祖国

最大的荣誉是保卫祖国的荣誉。
　　　　　　　　　　　　　　　　　　——亚里士多德

人不仅为自己而生，而且也为祖国活着。
　　　　　　　　　　　　　　　　　　——柏拉图

不要问你的祖国能为你做什么，而要问你能为你的祖国做什么。
　　　　　　　　　　　　　　　　　　——肯尼迪

爱祖国高于一切。
　　　　　　　　　　　　　　　　　　——肖邦

没有祖国，就没有幸福，每个人必须根植于祖国的土壤里。
　　　　　　　　　　　　　　　　　　——屠格涅夫

国家是大家的，爱国是每个人的本分。

——陶行知

千百万个家庭，就是千百万条细根，从这里滋润着一棵永恒的大树，它的名字叫祖国。

——苏霍姆林斯基

我们怀着焦急的心情，在倾听祖国的召唤。

——普希金

爱国不是爱它的幅员辽阔、享有盛名，而因为它是自己的祖国。

——塞内加

纵使世界给我珍宝和荣誉，我也不愿离开我的祖国，因为纵使我的祖国在耻辱之中，我还是喜欢、热爱、祝福我的祖国！

——裴多菲

为了国家利益，使自己的一生变为有用的一生，纵然只能效绵薄之力，我也会热血沸腾。

——果戈理

萧伯纳

萧伯纳（1856年—1950年），爱尔兰剧作家，1925年因为作品具有理想主义和人道主义而获诺贝尔文学奖，是英国现代杰出的现实主义戏剧作家，是世界著名的擅长幽默与讽刺的语言大师。

所谓爱国心,是指你身为这个国家的国民,对于这个国家,应当比对其他一切的国家感情更深厚。

——萧伯纳

祖国,我永远忠于你,为你献身,用我的琴声永远为你歌唱和战斗。

——肖邦

我唯一的遗憾是,我只有一次生命奉献给祖国。

——内森·黑尔

祖国是人民的共同父母。

——西塞罗

真理

探寻真理多歧路

对真理的最初最小的偏离最终会导致成千倍的差异。

——亚里士多德

真理尽管稀少,却总是供过于需。

——比林斯

人人都希望真理在自己这一边,但并不是人人都希望自己站到真理那一边去。

——威彻利

迷信、崇拜和虚伪都有丰厚的薪金,而真理却一直在乞讨。
——马丁·路德·金

错误是真理的邻居,因此它欺骗了我们。
——泰戈尔

通向谬误的道路有千条,通向真理的大道只有一个。
——卢梭

真理之川从它的错误之沟渠中通过。
——泰戈尔

真理之所以为真理,只是因为它是和谬误以及虚伪对立的。
——车尔尼雪夫斯基

货真价实的真理,往往平凡得不似真理。
——陀思妥耶夫斯基

真理不需要光彩,美丽不需要画笔。
——莎士比亚

真理不存在于丑化了的现实里。
——乔治·桑

一个被感情支配的人永远见不到真理。要成功地寻得真理,就要完全从爱与憎、福与祸的双重包围中解脱出来。
——甘地

第四章 适合小学生的名人名言集锦

因为真理是灿烂的,只要有一个罅隙,就能照亮整个田野。

——赫尔岑

真理常常藏在事物的深底。

——席勒

为追求真理而奋斗

人的天职在于有足够的勇气去探索真理。

——哥白尼

要坚持真理——不论在哪里也不要动摇。

——赫尔岑

如果你想独占真理,真理就要嘲笑你了。

——罗曼·罗兰

尊重人不应该胜于尊重真理。

——柏拉图

真理是一个必须成熟以后才能摘下来的果实。

——伏尔泰

时间是真理最亲密的朋友,偏见是真理最大的敌人,谦逊是真理永恒的同伴。

——科尔顿

为真理而斗争是人生最大乐趣。

——布鲁诺

真理常在，只需揭开心智的盖子去读它的圣示。

——爱默生

对真理的追求比对真理的占有更为可贵。

——莱辛

坚持真理的人是伟大的。

——雨果

愈是接近真理，愈是发现真理的迷人。

——拉美特利

真理之门是向每个人敞开的。

——塞涅卡

真理最伟大的朋友是时间，它最大的敌人是偏见，它永恒的伴侣是谦逊。

——戈登

坚强

坚强者永远不倒

即使跌倒一百次,也要一百次地站起来。

——张海迪

咬定青山不放松,立根原在破岩中。千磨万击还坚劲,任尔东西南北风。

——郑板桥

坚强者能在命运风暴中奋斗。

——爱迪生

向消沉宣战,以坚忍不拔的精神去迎接不可避免的事。

——杜伽尔

困苦永远是坚强之母。

——莎士比亚

一个人缺乏一点刚毅,很容易倒下去,就像一块石碑倒塌遗下的破碎了的石块,还要供人践踏。

——彦火

选择坚强就是选择胜利

如果你足够坚强，你就是无与匹敌的。

——菲茨杰拉德

人生的道路上，谁都会遇到困难和挫折，就看你能不能战胜它。战胜了，你就是英雄，就是生活的强者。

——张海迪

如果你想要成为胜者，那么在任何一次对打中，都要咬牙坚持到底。

——普京

成就的大小，不在我们掌握之内，一半靠人力，一半靠天赋，但只要坚强，就不怕失败，不怕挫折，不怕打击——不管是人事上的，生活上的，技术上的，还是学术上的。

——傅雷

奉 献

做无私奉献的人

我甘愿当作人梯，让青年一代踏着我的肩膀，攀登世界科学技术的高峰。

——华罗庚

第四章 适合小学生的名人名言集锦

我情愿变成一支两头点燃的蜡烛，照耀人们前进。

——卢森堡

凡可以献上我全身的事，决不只献上一只手。

——狄更斯

要找出来我值多少，那是别人的事情，主要的是能够献出自己。

——屠格涅夫

花朵以芬芳熏香了空气，但它的最终任务，是把自己献给你。

——泰戈尔

我们应当在不同的岗位上，随时奉献自己。

——海塞

即使是一颗流星，也要把光留给人间，把一切奉献给人民。

——张海迪

只要我还在世一天，就要吐丝；但愿我吐的丝，能替人间增加哪怕一丝温暖。

——朱光潜

人应当忘却自己而爱别人，这样人才能安静、幸福和高尚。

——列夫·托尔斯泰

捧着一颗心来，不带半根草去。

——陶行知

人生的真正意义在于奉献

奉献乃是生活的真正意义。

——阿德勒

生命的多少用时间计算,生命的价值用贡献计算。

——裴多菲

人生的真正意义在于奉献,而不是索取。

——张海迪

点燃蜡烛照亮他人者,也不会给自己带来黑暗。

——杰弗逊

对一个人来说,所期望的不是别的,而仅仅是他能全力以赴和献身于一种美好事业。

——爱因斯坦

生命的意义在于付出,在于给予;而不是在于接受,也不在于索取。

——巴金

一个人总要先有这种利他的牺牲精神,然后才能够完成一切。

——郭沫若

个人的力量是渺小的,即使是小小的光亮,也该用来为促进人类的进步尽一点力。

——武者小路实笃

第四章 适合小学生的名人名言集锦

人只有献身于社会,才能找出那短暂而有风险的生命的意义。
——爱因斯坦

奉献的同时收获快乐

应该让别人的生活因为有了你的存在而更加美好。
——茨巴尔

你要记住,永远要愉快地多给别人,少从别人那里拿取。
——高尔基

生活中最大的享受、最高的乐趣就在于觉得自己是为人们所需要的,是使人们感到亲切的。
——高尔基

我更需要的是给予,不是收受。因为爱是一个流浪者,他能使他的花朵在道旁的泥土里蓬勃焕发,却不容易叫它们在会客室中的水晶瓶里尽情开放。
——泰戈尔

对人来说,最大的欢乐,最大的幸福是把自己的精神力量奉献给他人。
——苏霍姆林斯基

修 养

好修养铸就美好人生

君子处其实,不处其华;治其内,不治其外。
——张居正

缺乏良好教养的人无法明白朴素和自然标志着最真实的高贵。
——毛姆

修养有益,世故有害。修养鼓励我们,世故限制我们;修养教人诚恳,世故教人虚伪;修养使人充实,世故使人空虚。
——罗兰

修养的花儿在寂静中开过去了,成功的果子便要在光明里结实。
——冰心

有教养的人或受过理想教育的人,不一定是个博学的人,而是个知道何所爱何所恶的人。
——林语堂

不修其身,虽君子而为小人;能修其身,虽小人而为君子。
——欧阳修

努力提升自身修养

一个杰出的女子的心灵和生活习惯，都可以在布置上看出来。
——巴尔扎克

每个人就像一个纸杯，知识、涵养像是杯里的水。别人不会看到你杯子里的水，别人看到的只是溢出的那一点点。当你的内涵溢出时，自然会被发现。
——重冈胜夫

讲话气势汹汹，未必就是言之有理。
——萨迪

看别人不顺眼，首先是自己修养不够。
——牛根生

修心必诚心。心不能掺假，心一掺假，人的行为就不正了。行为不正，不但会伤害别人，也会伤害自己。
——徐国静

修养，不是说不会发脾气，而是说不会轻易发脾气。不会发脾气的人不一定是有修养的人，动不动就发脾气的人，则是缺乏修养的人。
——汪国真

科学可以增加人的知识，但不能提高人的境界。
——冯友兰

文明就是要造就有修养的人。

——罗斯金

凡是有良好教养的人有一禁诫：勿发脾气。

——爱默生

穷则独善其身，达则兼济天下。

——孟子

越是身份低的人，操守越是要谨严，不然，正是自取其辱。

——屠格涅夫

优良的品性是内心真正的财富，而衬显这品性的是良好的教养。

——约翰·洛克

关心公益应当是每个有教养的人所共有的。

——列夫·托尔斯泰

宠辱不惊，闲看庭前花开花落；去留无意，漫随天外云卷云舒。

——洪应明

心需要清理，把无益人生的东西扔掉，把无法实现的路标拔掉，把悔恨的磨盘掀开。

——鲍尔吉·原野

凡是有修养的人总是把精力花在内省上。

——易卜生

第四章 适合小学生的名人名言集锦

夫仁者，己欲立而立人，己欲达而达人。
——孔子

出淤泥而不染，濯清涟而不妖。
——周敦颐

严肃的人模仿高尚人的行动，轻浮人则模仿卑劣人的行动。
——亚里士多德

海纳百川，有容乃大；壁立千仞，无欲则刚。
——林则徐

养心莫善于寡欲。
——孟子

问君何能尔？心远地自偏。
——陶渊明

谦 虚

谦虚铸就崇高品德

谦虚是藏于土中甜美的根，所有崇高的美德由此发芽滋长。
——苏格拉底

谦虚是最高贵的克己功夫。

——莎士比亚

伟人多谦虚，小人多骄傲。太阳穿一件朴素的光衣，白云却披了灿烂的裙裾。

——泰戈尔

我们不能一有成绩，就像皮球一样，别人拍不得，轻轻一拍，就跳得老高。成绩越大，越要谦虚谨慎。

——王进喜

一切真正的伟大的东西，都是纯朴而谦逊的。

——别林斯基

人生在世应当谦逊，丝毫不要轻人傲世，不要自我夸耀。

——高尔基

不炫耀自己本领的人，才是真有本领。

——拉罗什富科

真正的谦虚是最崇高的美德，是美德之母。

——丁尼生

谦虚其心，宏大其量。

——王守仁

智慧是宝石，如果用谦虚镶边，就会更加璀璨夺目。

——高尔基

第四章 适合小学生的名人名言集锦

谦逊不仅是一种装饰品，也是美德的护卫。

——鲁迅

谦虚使人进步

一个真正的伟人其第一个考验即是谦让。

——罗斯金

人因为博学才谦逊，因为勇于牺牲才力量无比。

——吉卜林

不自满，便是人或国家进步的第一步。

——王尔德

当我们大为谦卑的时候，便是我们最近于伟大的时候。

——泰戈尔

虚伪的谦虚，仅能博得庸俗的掌声，而不能求得真正的进步。

——华罗庚

赫伯特·斯宾塞

赫伯特·斯宾塞(1820年—1903年)，英国社会学家、哲学家。他为人所共知的就是"社会达尔文主义之父"，他所提出的一套学说把进化理论——"适者生存"应用在社会学上，尤其是教育及阶级斗争中。

成功的第一个条件是真正的虚心。

——赫伯特·斯宾塞

念高危,则思谦冲而自牧;惧满盈,则思江海下百川。

——魏征

满招损,谦受益。

——《尚书》

感到自己渺小的时候,才是巨大收获的开始。

——歌德

缺少谦虚,就是缺少见识。

——富兰克林

当你快意于虚骄的时候,你就丧失了思索的真正乐趣。

——屠格涅夫

让谦卑显于生活

我和大家一模一样,只是碰巧能够将汽车开得比别人快。

——迈克尔·舒马赫

一知半解的人,多不谦逊;见多识广有本领的人,一定谦虚。

——谢觉哉

第四章 适合小学生的名人名言集锦

若想要得到好评,就不要过分地罗列自己的优点。
——帕斯卡

我不配做一盏明灯,那么就让我来做一块木柴吧。
——巴金

谦恭,对尊长是责任,对平辈是礼貌,对下属是宽宏。
——富兰克林

谦虚就是对自己作一个恰当的估计。
——爱迪生

与其夸大胡说,不如宣布那个聪明的、智巧的、谦逊的警句:"我不知道。"
——伽利略

虚心是从知不足而来的。
——华罗庚

人生道路上能谦让三分,就能天宽地阔。
——戴尔·卡耐基

就我自己而论,没有感到和没有知道的事真不知有多少。
——鲁迅

无论在什么时候,永远不要以为自己已知道了一切。
——巴甫洛夫

理 智

理性开启智慧之光

理智是天神赋予凡人最有价值的财宝。

——索福克勒斯

理智可以说是生命的光和灯。

——西塞罗

没有理智的支配，任何事物都不会持久。

——昆图斯

理智要比心灵更高，思想要比感情可靠。

——高尔基

由于具有思考的能力，人便得以迈出动物界。

——荣格

思想是导游者。没有导游者，一切都会停止；目标会丧失，力量也会化为乌有。

——歌德

理智是经验、阅历的成果，它潜在人身内部，如同火藏在石块内部，两块石头相撞，就迸出火花。人的经验越多，理智就越多。

——伊本·穆加发

第四章 适合小学生的名人名言集锦

理智是人的最高天赋，是人区别于低级动物的本质特征。

——海克尔

没有理智，便一事无成。

——塞涅卡

理智的人面临危险，会急中生智，可以说，比平时更聪明。

——司汤达

科学地探求真理，要求我们的理智永远不要狂热地坚持某种假设。

——莫洛亚

寻求理性和情感的平衡

一个人思虑太多，就会失却做人的乐趣。

——莎士比亚

我们没有足够的力量完全遵循我们的理智。

——拉罗什富科

全是理智的人，恰如一把全是锋刃的刀，叫使用它的人手上流血。

——泰戈尔

过分冷静，缺乏感情冲动，也必然使人的心理变态。

——瓦西列夫

傅雷

傅雷（1908年—1966年），字怒安，号怒庵，我国著名翻译家，文艺评论家。20世纪60年代初，傅雷因在翻译巴尔扎克作品方面的卓越贡献，被法国巴尔扎克研究协会吸收为会员。

情感与理性平衡所以最美，因为那是最上乘的人生哲学、生活艺术。
——傅雷

问心的道德胜于问理的道德，所以情感的生活胜于理智的生活。
——朱光潜

没有情感的理智，是无光彩的金块；而无理智的情感，是无鞍镫的野马。
——郁达夫

当感情支配一切的时候，理智就显得无能为力。
——德莱顿

生活离不开理性行为

狂热者的脑袋里没有理智的地盘。
——拿破仑

理智的人使自己适应这个世界；不理智的人却硬要世界适应自己。
——萧伯纳

第四章 适合小学生的名人名言集锦

分析显而易见的事物需要极不寻常的头脑。

——阿尔弗雷德·怀特黑德

经常讲究服饰华丽永远意味着理智的萎缩。

——拉吉舍夫

当人具有希望和信仰的时候,理性才是有效的。

——弗洛姆

你愿意征服一切事物吗?那么就让你自己服从理智吧。

——塞涅卡

冷静、质疑是理智的筋骨。

——汉密尔顿

让我们首先遵循理智吧,它是可靠的向导。

——法朗士

理智一旦产生,支配它们,那便是美德。

——蒙田

我们航行在生活的海洋上,理智是罗盘,感情是大风。

——蒲柏

要想让一切都服从你,你就必须首先服从理智。

——塞内加

名人启迪

小普希金主持正义

普希金出生于俄国一个贵族家庭，家中十分富有，但父母嫌他长得黑，脾气倔强，又不爱说话。所以他的童年并不幸福。

幸亏有两个心地善良的仆人无微不至地呵护着他，才使小普希金没有吃什么苦。

这两个仆人，一个是仆人尼基塔，另一个是奶娘阿琳娜。尼基塔当时五十多岁，他为人忠厚，会弹吉他，还能把民间故事编成诗歌吟诵给普希金听。奶娘阿琳娜慈祥善良，不仅在生活上无微不至地照顾他，还经常给他唱民歌，讲人世间的不平事。

小普希金非常尊敬这两位老人，容不得任何人欺侮他们。

有一次，尼基塔带着小普希金在莫斯科城里散步。忽然，一个衣着华丽、长得肥头大耳的男孩迎面走来。尼基塔看了他一眼，没想到这惹恼了那个男孩。那男孩不由分说，朝尼基塔的头上打了一棍子。尼基塔挨打以后，用手捂住脑袋，一声不吭，直愣愣地站在原地，而那个打人的男孩却若无其事地扬长而去。

小普希金看在眼里，恨在心头，他大喝一声："站住，小坏蛋！凭什么打人？"

第四章 适合小学生的名人名言集锦

他一边说一边追了上去，一把揪住那个男孩的衣领，当即给了他一记耳光。

男孩扔下棍子，同普希金厮打起来。尼基塔慌了，赶忙跑过去，把他们拉开，并劝普希金说："我的小主人，您还不懂奴仆生来就是挨打受骂的命啊！有什么办法呢！"

普希金纠正说："你说得不对！有一本书里写过，贵族和奴仆都是上帝的儿子，上帝的儿子生来就是平等的，所以，这个小坏蛋没权打你。"

普希金怒视着那个男孩，又举起了拳头说："你要向我的尼基塔大叔赔礼道歉，不然，我就要与你决斗！"

男孩听普希金说要和他决斗，就软下来，很不情愿地向尼基塔鞠了一躬，然后悻悻地走开了。

范仲淹吃粥

范仲淹小的时候家里非常贫穷,父亲很早就死了,母亲只得带着他另嫁他人。范仲淹就寄宿在一座庙宇里,苦读诗书。他每天早上烧好一锅粥,等粥冷了之后切成几块,然后从母亲带来的一罐咸菜中取点咸菜,就解决了一天的吃饭问题。范仲淹的一位同学来看他之后,很同情他,就从家里拿了一些好吃的东西送给了范仲淹。

过了一段时间,范仲淹的这位同学又来看他,看见自己送来的食物原封未动还在那儿放着,都已经坏掉了。

这位同学很生气,觉得范仲淹很不尊重他,但又不好开口。范仲淹看出了同学的想法,他拉着这位同学的手说:"我很感谢你对我的关心。我不是嫌弃你送来的东西,你送来的一定比我平时吃的粥和咸菜好吃千百倍。但如果我吃了这些美味的食物,那我以后还怎么能忍受粥和咸菜的味道?哪能再过艰苦的日子呢?"这位同学听了这番话,心里很敬佩范仲淹,他们结成了最好的朋友。范仲淹在艰苦的环境下苦学不辍,终成大器。

第四章 适合小学生的名人名言集锦

生活·情感篇

亲 情

> 亲情是一盏不灭的灯

最美的天性，最优秀的灵魂，都免不了溺爱儿女。
——巴尔扎克

安土重迁，黎民之性；骨肉相附，人情所愿也。
——班固

烽火连三月，家书抵万金。
——杜甫

对孩子的爱是一种自私的无私，一种不为公的舍己。
——周国平

时间的流逝，许多往事已经淡化了。可在历史的长河中，有一颗星星永远闪亮，那便是亲情。
——高尔基

书——当然很重要，但在你生活的周围，还有更重要的东西——家庭和朋友。
——普京

感谢父母给我的爱

我之所有,我之所能,都归功于我天使般的母亲。

——林肯

父母之爱子,则为之计深远。

——刘向

孩子的权利便是父母的义务。

——鲁多夫·洛克尔

世界上有一种最美丽的声音,那便是母亲的呼唤。

——但丁

母亲的心是一个深渊,在它的最深处你总会得到宽恕。

——巴尔扎克

家庭是父亲的王国,母亲的世界,儿童的乐园。

——爱默生

母性的伟大不在于理智,而在于那种直觉的感情。

——傅雷

昔孟母,择邻处,子不学,断机杼。

——王应麟

人世间最美丽的情景出现在当我们怀念到母亲的时候。

——莫泊桑

第四章 适合小学生的名人名言集锦

养儿方知娘艰辛，养女方知谢娘恩。

——日本谚语

孝子之至，莫大乎尊亲；尊亲之至，莫大乎以天下养。

——孟子

友 情

友谊需要珍惜和爱护

真正的友情，是一株成长缓慢的植物。

——华盛顿

真挚的友谊犹如健康，不到失却时，无法体味其珍贵。

——培根

人生无友，恰似生命无太阳。

——法朗士

友情在我过去的生活里就像一盏明灯，照彻了我的灵魂，使我的生存有了一点点光彩。

——纪伯伦

得不到友谊的人将是可怜的孤独者，没有友情的社会则只是一片繁华的沙漠。

——培根

真诚的友谊好像健康,失去时才知道它的可贵。

——科尔顿

友谊之光像磷火,当四周漆黑之际最为显露。

——克伦威尔

友情是天堂,没有它就像地狱;友情是生命,没有它就意味着死亡。

——威廉·莫里斯

友情是一种最需要小心积蓄和保存的财富。

——罗兰

友谊是人生的调味品,也是人生的止痛药。

——爱迪生

友谊是两颗心真诚相待,而不是一颗心对另一颗心的敲打。

——鲁迅

人生难得一知己

没有人不想和你同坐一辆豪华轿车,但你需要的,却是轿车坏了还会和你一起搭巴士的人。

——奥普拉·温弗瑞

那些私下忠告我们,指出我们错误的人,才是真正的朋友。

——李嘉诚

第四章 适合小学生的名人名言集锦

人生贵相知，何必金与钱。

——李白

兄弟可能不是朋友，但朋友常常如兄弟。

——富兰克林

与朋友交，言而有信。

——孔子

有知心朋友本身就是一种幸福。

——武者小路实笃

人生得一知己足矣，斯世当以同怀视之。

——鲁迅

扬 雄

扬雄（前53年—18年），字子云，西汉蜀郡成都人，少好学，为人口吃，博览群书，长于辞赋。代表作品有《太玄》《法言》《甘泉赋》《羽猎赋》等。

朋而不心，面朋也；友而不心，面友也。

——扬雄

如果你把快乐告诉一个朋友，你将得到两个快乐；而如果你把忧愁向一个朋友倾吐，你将被分掉一半忧愁。

——培根

161

为朋友的不幸而哭泣，为朋友的喜悦而欢欣，这种生命的共鸣，意味着向社会敞开的人格正在真正形成。

——池田大作

最好的朋友是那种不喜欢多说，能与你默默相对又息息相通的人。

——高尔基

人之相识，贵在相知；人之相知，贵在知心。

——孟子

士为知己者死，女为悦己者容。

——刘向

海内存知己，天涯若比邻。

——王勃

选择自己的交友之道

如你想要拥有完美无瑕的友谊，可能一辈子找不到朋友。

——李嘉诚

与善人居，如入芝兰之室，久而自芳也。

——颜之推

圣贤是思想的先声，朋友是心灵的希望。

——爱默生

第四章 适合小学生的名人名言集锦

只有宽广而聪慧的心灵始终能发现友爱之情。

——海因里希·海涅

有朋自远方来，不亦乐乎。

——孔子

顺境时容易发现朋友，逆境时就极其困难了。

——托马斯·莫尔

坎坷的道路上可以看出毛驴的耐力，患难的生活中可以看出友谊的忠诚。

——米南德

君子之交淡若水，小人之交甘若醴。

——庄子

君子与君子以同道为朋；小人与小人以同利为朋。

——欧阳修

快 乐

选择让自己快乐的方式

真正的乐观主义的人是用积极的精神向前奋斗的人，是战胜愁虑穷苦的人。

——邹韬奋

 中外名人名言

做好事是人生中唯一确实快乐的行动。
——西德尼

一个不欣赏自己的人，是难以快乐的。
——三毛

快乐要懂得分享，才能加倍快乐。
——李嘉诚

最快乐的事莫过于无拘无束。
——培根

应该笑着面对生活，不管一切如何。
——伏契克

人生有两大快乐，一是得到你心爱的东西，于是你可以去寻求和创造；另一个是得到了你心爱的东西，于是你可以去品味和体验。
——周国平

笑，就是阳光，它能消除人们脸上的冬色。
——雨果

所谓内心的快乐，是一个人过着健全的、正常的、和谐的生活所感到的快乐。
——罗曼·罗兰

风力掀天浪打头，只须一笑不须愁。
——杨万里

第四章 适合小学生的名人名言集锦

爱默生

爱默生（1803年—1882年），生于波士顿，美国思想家、文学家、诗人。爱默生是确立美国文化精神的代表人物。林肯称他为"美国的孔子""美国文明之父"。

快乐是一种香水，无法倒在别人身上而自己却不沾上一些。

——爱默生

悲伤可以自行料理，然而欢乐的滋味如果要充分体会，就需要有人分享才行。

——马克·吐温

快乐，是精神和肉体的朝气，是希望和信念，是对自己的现在和未来的信心，是一切都该如此进行的信心。

——果戈理

名人故事

著名科学家诺贝尔生前曾写过一篇短小精悍的自传："诺贝尔呱呱坠地之时，小生命差点断送在仁慈的医生手中。主要美德：保持指甲干净，从不累及他人。主要过失：脾气不佳，消化不良。唯一愿望：不要让人活埋。最大罪恶：不敬鬼神。重要事迹：无。"

找寻生命中的快乐

人不要跟别人比，要跟自己比。跟别人比，会使得自己永远都不快乐。跟自己比，看到自己每天都在进步，你会很快乐。

——俞敏洪

只有信念使快乐真实。

——蒙田

能处处寻求快乐的人才是最富有的人。

——梭罗

追求一个梦想是一种绝大的幸福和快乐。

——罗兰

快乐是一种奢侈。若要品尝它，绝不可缺的条件是心无不安。心若不安——一旦稍受威胁，快乐就立刻烟消云散。

——司汤达

追寻快乐的人们，若能稍稍停下短短的一分钟，并想一想，便会察觉，他们所真正体验到的快乐，像自己脚边的小草，或是早晨花朵上的露珠，数也数不清。

——海伦·凯勒

要想别人快乐，自己先得快乐。要把阳光散布到别人的心田里，先得自己心里有阳光。

——罗曼·罗兰

第四章 适合小学生的名人名言集锦

把脸一直向着阳光,这样就不会见到阴影。

——海伦·凯勒

快乐之道不在做自己喜爱的事,而在喜爱自己不得不做的事。

——巴里

愚人追寻快乐于远方,智者却把它种植在脚下。

——詹姆士·奥本海姆

当你寻找欢乐时,欢乐反会逃之夭夭;当你躲避欢乐时,欢乐反倒跟你跑。

——约·海伍德

烦 恼

烦恼源于自身的感受

能生点病是有福的,可以使你摆脱某些不愉快的事情,但是不包括死亡,因为死亡虽说可以使你永远摆脱人间一切烦恼,可是你却又要到地狱去受折磨。

——高尔基

世上本无事,庸人自扰之。

——《新唐书·陆象先传》

人活着总是有趣的,即便是烦恼也是有趣的。

——门肯

大仲马

大仲马（1802年—1870年），法国19世纪积极浪漫主义作家。大仲马自学成才，一生写的各种著作达300卷之多，主要以小说和剧作著称于世。大仲马被别林斯基称为"一名天才的小说家"，他也是马克思"最喜欢"的作家之一。

忧郁是因为自己无能，烦恼是由于欲望得不到满足。

——大仲马

弃我去者，昨日之日不可留。乱我心者，今日之日多烦忧。

——李白

天下最苦恼的事莫过于看不起自己的家。

——狄更斯

少年不识愁滋味，爱上层楼。爱上层楼，为赋新词强说愁。

——辛弃疾

不同的烦恼有不同的代价

莫把烦恼放心上，免得白了少年头；莫把烦恼放心上，免得未老先丧生。

——狄更斯

幸运并非没有恐惧和烦恼；厄运也决非没有安慰和希望。

——培根

第四章 适合小学生的名人名言集锦

因寒冷而打战的人，最能体会到阳光的温暖。经历了人生烦恼的人，最懂得生命的可贵。

——惠特曼

只要活在这个世界上，不管衰老、病痛、穷困和监禁会给人怎样的烦恼和苦难，比起死的恐怖来，也就像天堂一样幸福了。

——莎士比亚

淡淡的哀愁的确能增加一种妩媚，但它最终会加深脸上的皱纹，毁掉一切容貌中最可爱的容貌。

——巴尔扎克

最令人烦恼的事物往往可以使人摆脱烦恼。

——拉罗什富科

消除烦恼保持愉悦

把烦恼当成脸上的灰尘，衣上的污垢，染之不惊，随时洗拂，常保洁净。

——王蒙

用不着操心去装门面，不必苦心焦虑去钩心斗角，也不必为了妒忌别人和患得患失而烦恼。

——马克·吐温

清新、健康的笑，犹如夏天的一阵大雨，荡涤了人们心灵上的污泥、灰尘及所有的污垢，显露出善良与光明。

——高尔基

多和朋友交游无疑是医治心病的良方。

——泰戈尔

如果睡不着就起来做点事，不要躺在那里忧虑不已。啮人身心的是忧虑，不是失眠。

——戴尔·卡耐基

不要预期烦恼，或者为可能永不发生的事情担心，要保持欢乐。

——富兰克林

岂能尽如人意，但求无愧于心。

——刘伯温

健康

不要忽略身体的健康

造物主把像你这样的人派遣到人世间来，是要你担负一定的责任的，所以你决不应该轻视自己的身体。

——泰戈尔

健康不是一切，但没有健康就没有一切。

——吴阶平

忽略健康的人，就是等于在与自己的生命开玩笑。

——陶行知

第四章 适合小学生的名人名言集锦

对于青年，武装身体应与武装头脑看得同样重要。
——林伯渠

身体要过着一种有规则的、有节制的生活，方能保持健康。
——夸美纽斯

人类所犯的最大错误就是拿健康来换取其他身外之物。
——叔本华

养成简单朴素的生活习惯，是增进健康的一大因素，它使人对于生活必需品不加挑剔。
——伊壁鸠鲁

保持健康是做人的责任。
——斯宾诺莎

盈缩之期，不但在天；养怡之福，可得永年。
——曹操

健康的体魄胜于财富

世上没有比结实的肌肉和新鲜的皮肤更美丽的衣裳。
——马雅可夫斯基

身体虚弱，它将永远不会培养有活力的灵魂和智慧。
——卢梭

我们深信健康是生活的出发点，也是教育的出发点。

——陶行知

健康是自然所能给我们准备的最公平最珍贵的礼物。

——蒙田

幸福的首要条件在于健康。

——柯蒂斯

健康的价值，贵重无比。它是人类为了追求它而唯一值得付出时间、血汗、劳力、财富甚至付出生命的东西。

——蒙田

健康当然比金钱更为重要，因为我们赖以获得金钱的就是健康。

——约翰逊

健康是人生第一财富。

——爱默生

健康是为我们的事业和我们的福利所必需的，没有健康，就不可能有什么福利，有什么幸福。

——约翰·洛克

幸福十分之九是建立在健康基础上的，健康就是一切。

——叔本华

最穷苦的人也不会为了金钱而放弃健康，最富有的人为了健康甘心情愿放弃所有的金钱。

——柯尔顿

第四章 适合小学生的名人名言集锦

注重精神健康

身体的健康在很大程度上取决于精神的健康。
——约翰·格雷

健康的思想寓于健康的身体之中。
——朱文诺尔

心情愉快是健康的增进剂。
——阿狄生

心灵上的疾病比身体上的疾病更危险。
——西塞罗

忧伤足以致命。
——莎士比亚

经得起各种诱惑和烦恼的考验，才算达到了最完美的心灵的健康。
——培根

如果你想尽可能保持健康，那么你对健康考虑得越少越好。
——霍姆斯

保持健康的最好办法就是保持一种年轻的心态。
——威尔基·科林斯

生活

生活显现真实人生

高尚的生活是受爱激励并由知识导引的生活……没有知识的爱与没有爱的知识,都不可能产生高尚的生活。

——罗素

有生活的时候就有幸福。

——列夫·托尔斯泰

生活的悲剧并不在于人们遭受的苦难太多,而在于他们错过的幸福太多。

——卡莱尔

人类生活中的虚荣浮华就像是一条河流,后浪推前浪,不断逝去,又不断涌来。

——蒲柏

世上有多少人,就有多少条生活道路。

——索尔仁尼琴

哭也一世,笑也一世,原来生活是一种很复杂的学问。

——席慕蓉

生活像一只洋葱头:你只能每次剥一层,有时你还得流泪。

——桑德伯格

第四章 适合小学生的名人名言集锦

卓别林

卓别林（1889年—1977年），英国著名喜剧演员。卓别林的一生很引人瞩目，他本人成了一个文化偶像，是"不列颠帝国勋章"佩戴者。

用特写镜头看生活，生活是一个悲剧；但用长镜头看生活，生活则是个喜剧。

——卓别林

生活的艺术则是选择一个进攻的突破点，全力以赴地冲击。

——莫洛亚

生活不是一条人造的运河，不能把它禁锢在几条规定好的河道之中。

——泰戈尔

生活中并非全是玫瑰花，还有刺人的荆棘。

——冈察洛夫

生活，就是自己身上有一架天平，在那上面衡量善与恶。

——雨果

努力踏实地生活

生活不分学期，没有暑假可以休息。

——比尔·盖茨

生活中不必处处带把别人送你的尺子，时时丈量自己。

——吴淡如

生活就是在黑暗中的长期拼搏。

——卢克莱修

不进行仔细考虑安排的生活，不值得一活。

——柏拉图

生活就是面对现实的微笑，就是越过障碍注视将来。

——雨果

人生到处都是这样的状况：必须忍受的东西很多，可以享受的东西很少。

——约翰逊

生活的一大秘诀就是怎样把拦路石变成向上攀登的台阶。

——佩恩

你不得不随遇而安，但是，你应该努力按照你向往的方式去生活。

——坎贝尔

你必须按所想的生活，否则你只能按生活去想。

——王小波

要是你懂得如何思考和安排你的生活，你就完成了一项最伟大的工作。

——蒙田

第四章 适合小学生的名人名言集锦

当一个人尝尽了生活的苦头，懂得了什么叫作生活的时候，他的神经就坚强起来了。

——巴尔扎克

体味生活的意义

生活中有意义的事情，哪怕再小也要比毫无意义的最大的事情更具有价值。

——荣格

一个人生活在世界上，最可怕的是精神上的空虚。

——丁玲

相信生活，它给人的教益比任何一本书籍都好。

——歌德

生活本身没有任何价值，它的价值在于怎样使用它。

——卢梭

享受生活的乐趣

悠闲的生活始终需要一个怡静的内心，乐天旷达的观念和尽情欣赏大自然的胸怀。

——林语堂

生活只有在平淡无味的人看来才是空虚而平淡无味的。

——车尔尼雪夫斯基

逍遥以针劳，谈笑以药倦。

——刘勰

采菊东篱下，悠然见南山。

——陶渊明

生活得最有意义的人，并不就是年岁最大的人，而是对生活最有感受的人。

——卢梭

人的最佳生活方式是拥有尽可能多的快乐和尽可能少的痛苦。

——德谟克利特

难道因为生活的道路漫长而不平坦，我们就能蔑视云雀的歌唱？

——勃朗特

美好的生活是一种由爱所激励、由知识所指导的生活。

——罗素

生活之所以美好，就在于我们左右永远有一颗年轻、善良的心在成长开花。

——高尔基

运 动

运动是生命的常态

运动是一切生命的源泉。
——达·芬奇

静止便是死亡，只有运动才能敲开永生的大门。
——泰戈尔

只有运动才可以除去各种各样的疑虑。
——歌德

人的生命就是运动。
——列夫·托尔斯泰

流水不腐，户枢不蠹，动也。
——《吕氏春秋》

体育使整个有机体得到自然的、和谐的发展。
——杜勃罗留波夫

运动塑造良好精神品质

体育是使人的精神生活充实和文化知识丰富的起码条件。
——苏霍姆林斯基

经常体育锻炼，不仅能发展身体的美和动作的和谐，而且能形成人的性格，锻炼意志力。

——苏霍姆林斯基

在体育运动中，人们学到的不仅仅是比赛，还有尊重他人、生活伦理、如何度过自己的一生以及如何对待自己的同类。

——杰西·欧文斯

一身动，则一身强；一家动，则一家强；一国动，则一国强；天下动，则天下强。

——颜元

一个民族，老当益壮的人多，那个民族一定强；一个民族，未老先衰的人多，那个民族一定弱。

——顾拜旦

运动有益身心健康

人的健全，不但靠饮食，尤靠运动。

——蔡元培

体育竞赛之最绝妙处乃由于它只在手做，不在口说。

——赫尔巴特

身体的健康因静止不动而破坏，因运动练习而长期保持。

——苏格拉底

第四章 适合小学生的名人名言集锦

运动是健康的源泉，也是长寿的秘诀。

——马约翰

当有病时就要努力恢复健康，当健康时则应当经常从事锻炼。

——培根

运动是身体的锻炼、德性的培养。

——雨果

一个人如果不经常从事运动，身体不可能健壮。

——培根

聪明人治病靠锻炼。

——德莱顿

体动则强健，久卧则萎弱。

——康有为

身勤则强，逸则病。

——蔡锷

体育是增进青年健康、发展他们的体力和各种能力的必要条件。

——凯洛夫

日复一日地坚持练下去吧，只有活动适量才能保持训练的热情和提高运动的技能。

——塞涅卡

选择科学的运动方法

运动太多和太少,同样损伤体力;饮食过多与过少,同样损害健康;唯有适度可以产生、增进、保持体力和健康。

——亚里士多德

走路是极好的运动,人应该养成走长路的习惯。

——杰弗逊

运动包括三方面:动身、动脑、动精神。

——林启武

快乐地运动,快乐地生活。

——萨马兰奇

从锻炼的角度看,躺着不如坐着,坐着不如站着,站着不如走着。

——卢梭

教育的秘诀是使身体的锻炼和思想的锻炼互相调剂。

——卢梭

自 由

追求自由之精神

生命诚可贵,爱情价更高;若为自由故,二者皆可抛。

——裴多菲

第四章 适合小学生的名人名言集锦

自由之于人类，就像亮光之于眼睛，空气之于肺腑，爱情之于心灵。
——英格索尔

立脚点上求平等，于出头处谋自由。
——陶行知

如果我们心中没有自由与宁静，如果我们内心深处的自我只是一潭污浊的死水，那么争取身外的自由又有什么意义？
——梭罗

人生下来不是为了抱着锁链，而是为了展开双翼。
——雨果

无论付出什么代价，自由都是值得争取的。
——马克·吐温

本来，自由之获得，非出自天赐，非出自任何人的特许。
——章伯钧

获得自由之权利

谁需要得越小，他的幸福就越大；谁希望得越少，他的自由就越多。
——高尔基

为了享有自由，我们自己必须控制自己。
——弗吉尼亚·伍尔夫

不能制约自己的人，不能称之为自由的人。

——毕达哥拉斯

你如果要一个人充分地表现他自己，你必须解除一切你加在他身上的传统的束缚。

——泰戈尔

知道怎样得到自由还算不上什么，艰巨的是怎样使用自由。

——安德烈·纪德

人所以值得活下去，只是因为有一个灿烂的将来，一种伟大而永久的自由。

——鲁迅

我们不当轻视自己，更不能将这份卫护自由的使命交在他人的手里，而忘了自己也是一份力量。

——三毛

体会真正的自由

真正的自由是有做你应该做的事情的自由，而不是获得你想要得到的东西。

——蒙哥马利

不要过分地醉心放任自由，一点也不加限制的自由，它的害处与危险实在不少。

——克雷洛夫

第四章 适合小学生的名人名言集锦

没有自由的秩序和没有秩序的自由,同样具有破坏性。
——罗斯福

自由向来是一切财富中最昂贵的财富。
——罗曼·罗兰

生命之河在它的这一岸边享有自由,在另一岸边就会受到约束。
——泰戈尔

一个人要宣称自己是自由的,就会同时感到他是受约束的。如果他敢于宣称自己是受约束的,他就会感到自己是自由的。
——歌德

个人的自由,以不侵犯他人的自由为自由。
——穆勒

自由意味着职责,那就是为何多数人畏惧它的缘故。
——萧伯纳

无知者是不自由的,因为和他对立的是一个陌生的世界。
——黑格尔

自由应是一个能使自己变得更好的机会。
——加缪

给别人自由和维护自己的自由,两者同样是崇高的事业。
——林肯

如果自由过于放纵，专制的魔鬼就会乘机侵入。

——华盛顿

音乐

音乐的魅力无法抵挡

音乐语言一视同仁地属于全人类所有，而旋律则是音乐家用来同每一颗心灵对话的独特语言。

——理查德·瓦格纳

音乐，是人生最大的快乐；音乐，是生活中的一股清泉；音乐，是陶冶性情的熔炉。

——冼星海

韵律有一种魔力，它甚至会使我们相信我们怀有最崇高的感情。

——歌德

音乐是上天给人类最伟大的礼物，只有音乐能够说明安静和静穆。

——柴可夫斯基

此曲只应天上有，人间能得几回闻。

——杜甫

音乐这东西在所有的艺术里是最富有侵略性的。

——梁实秋

第四章 适合小学生的名人名言集锦

音乐应当使人类的精神喷发出火花。

——贝多芬

音乐并不仅是一种娱乐。

——哥白尼

音乐并不是什么高深莫测的东西，它的本质来自真的自然与真的生命。

——罗曼·罗兰

音乐，有人将它比作花朵，因为它铺满在人生的道路上，散发出不绝的芬芳，把生活装饰得更美。

——贝多芬

建筑是凝固的音乐，音乐是流动的建筑。

——谢林

拥有音乐，对人的一生而言已然足够，但是，只用有限的一生去拥抱音乐，是不够的。

——拉赫曼尼诺夫

在影响年轻人心灵的手段中，音乐占据着重要地位，音乐是思维有力的源泉。没有音乐教育，就不可能有合乎要求的智力发展。

——苏霍姆林斯基

音乐的目的——引导人们沿着通往美好前途的道路前进。

——艾涅斯库

音乐是情感的通道

别有幽愁暗恨生,此时无声胜有声。

——白居易

乐也者,郁于中而泄于外者也。

——韩愈

音乐是一种语言,它能确切地反映个人和人民的精神品质。

——艾涅斯库

音乐能够表达人们的感情和思想,培养心智和理智,是孩子和年轻人的良师益友。

——耶胡迪·梅纽因

语言的尽头是音乐出现的地方。

——贝多芬

在真正的音乐中,充满了一千种心灵的感受,比言辞好得多。

——门德尔松

音乐是全人类的共同语言。

——朗费罗

音乐是思维者的声音。

——雨果

第四章 适合小学生的名人名言集锦

音乐表示了无法说出却又不能沉默的东西。

——雨果

音乐最容易暴露一个人的心事,泄露最隐秘的思想。

——罗曼·罗兰

乐者本于声,声者发于情,情者系于政。

——白居易

名人启迪

汉高祖敬父

汉高祖刘邦，沛县人。公元前206年，刘邦推翻秦朝。项羽自杀后，他创建西汉王朝，登上了皇帝的宝座。

刘邦很讲孝道，即使在做了皇帝后，每天日理万机，仍然坚持每5天去看望父亲刘太公一次。在刘太公面前，刘邦没有一点皇帝的威严，像普通儿子一样，做自己该做的一切，尽自己该尽的孝道。

太公的管家觉得不安，一次他对太公说："天无二日，国无二主。陛下虽是您的儿子，却是皇帝；太公虽是父亲，却是臣民。怎能让皇帝礼拜臣民呢？这样，一国之君的威严怕无法保证。"

刘太公觉得管家的话有道理，再听说刘邦驾到时，他便手持扫帚，打扫院子，企图以此来阻止儿子行礼，并对儿子行臣见君的礼节。刘邦见状大惊失色，连忙扶住太公，不让他行人臣之礼。太公说："皇帝是一国之主，岂能因我而坏了天下的法规呢？"刘邦仍坚持不肯。

回宫后，刘邦反复思量如何解决这一问题。他突然想起，若尊父亲为太上皇，皇上对太上皇行子对父的礼节，名正言顺，这个问题不就迎刃而解了吗？

次日，他下诏尊刘太公为太上皇，他对父亲仍行人子的礼节。从此，这便成了封建王朝的一种制度。

朱自清的骨气

抗日战争结束后，美国政府一方面支持蒋介石发动内战，一方面又利用签订条约的办法在中国获取了许多特权，还加紧武装战败国日本，对中国重新构成威胁。当时社会上物价飞涨，物品奇缺，很多人在饥饿和死亡线上挣扎。人民对美国和国民党政府十分不满，反抗的呼声越来越高。美国为了支持蒋介石，就运来一些面粉，说要"救济"中国人，好让中国人"感谢"美国，不反对它。

朱自清看透了美国的用心，认为美国的"救济"是对中国人的侮辱。他和一些学者一起，在一份宣言上庄重地签上了自己的名字。那份宣言表示，坚决拒绝美国的"援助"，不领美国的面粉。当时，朱自清正患严重的胃病，身体非常瘦弱，体重还不到40公斤，他经常呕吐，甚至整夜不能入睡。拒领"救济"面粉意味着每月生活费要减少600万法币，一家生活更加困难。可是为了维护中国的尊严，他坚决拒绝那些别有用心的"赏赐"。

他在日记中写道："坚信我的签名之举是正确的。因为反对美国武装日本的政策，要采取直接的行动，不应逃避自己的责任。"

两个月后，朱自清因贫病交加，不幸去世。他宁肯挨饿而死，也不肯领侮辱性的"救济"，体现了一个中国人应有的尊严。

学习·求知篇

学习

活到老，学到老

在科学上，没有什么认识是最后的。在任何新的领域，我们都是小学生。
——钱学森

只要心还在跳，就要努力学习。
——张海迪

我从不间断读新科技、新知识的书籍，不至于因为不了解新讯息而和时代潮流脱节。
——李嘉诚

少而好学，如日出之阳；壮而好学，如日中之光；老而好学，如炳烛之明。
——刘向

活着就要学习，学习不是为了活着。
——培根

学习这件事不在于有没有人教你，最重要的是你自己有没有觉悟和恒心。
——法布尔

第四章 适合小学生的名人名言集锦

学不可以已。青，取之于蓝，而青于蓝；冰，水为之，而寒于水。
——荀子

有好方法才能有进步

知识只有消化了以后才有能量，不然就是智商中的脂肪。
——洪晃

知道就是知道，不知道就不要猜。
——丁肇中

不要把你们的学习看成是任务，而应看成是一个令人羡慕的机会。为了你们自己的欢乐和今后你们工作所属社会的利益，去学习。
——爱因斯坦

学到很多东西的诀窍，就是一下子不要学很多。
——约翰·洛克

有教养的头脑的第一个标志就是善于提问。
——普列汉诺夫

重复是学习之母。
——狄慈根

苦学能够战胜一切，学问的宫殿不分贫富都可以进去。
——巴金

 中外名人名言

善学者假人之长以补其短。
——《吕氏春秋》

力学如力耕，勤惰尔自知。但使书种多，会有岁稔时。
——刘过

学习必须与实干相结合。
——泰戈尔

非学无以广才，非志无以成学。
——诸葛亮

为学正如撑上水船，一篙不可放缓。
——朱熹

学问欲博，而行己欲敦。
——魏征

学而不思则罔，思而不学则殆。
——孔子

巴甫洛夫

巴甫洛夫（1849年—1936年），俄国生理学家、心理学家、医师，首位获得诺贝尔生理学或医学奖的俄国科学家，建立了高级神经活动的新学说。

第四章 适合小学生的名人名言集锦

学习要求人们最大的紧张和最大的热情。

——巴甫洛夫

用学习来提升自我

人不光是靠他生来就拥有的一切，而是靠他从学习中所得到的一切来造就自己。

——歌德

如果学生在学校里学习的结果是使自己什么也不会制造，那他的一生将永远在模仿和抄袭。

——列夫·托尔斯泰

学习不仅可以明智，它也是自由。知识比任何东西更能给人自由。

——屠格涅夫

要学习，甚至从自己的敌人那里去学习怎样做到明智、真实、谦逊，学习怎样避免自视过高，这总不会为时太晚。

——卢梭

人因为博学才谦逊，因为勇于牺牲才力量无比。

——吉卜林

学习对于头脑，如同食物对于身体一样不可缺少。

——西塞罗

把学问过于用作装饰是虚假；完全依学问上的规则而断事是书生的怪癖。

——培根

人的天赋有如野生的花草，它们需要学问的修剪。

——培根

信 息

信息是人类进步的动力

如果错过互联网，与你擦肩而过的不仅是机会，而是整整一个时代。

——王峻涛

信息产业革命是人类有史以来最大的一次革命，也是人类几百年才有的一次机遇。

——克林顿

一份好的报纸犹如一个政府在同自己的公民促膝交谈。

——阿瑟·米勒

宣传信息有技巧

谁也不喜欢带来坏消息的人。

——索福克勒斯

第四章 适合小学生的名人名言集锦

坏消息长着翅膀，随风飘扬；好消息却是个跛子，姗姗来迟。
——德莱顿

我们把兴趣放在社会新闻上，这在多数情况下是最道地的庸人习气。
——歌德

报纸是有钱阶级雇用的工具，它只是为了刊登与经济利益有关的谎言。
——亨利·亚当斯

宣传是劝说别人去相信自己不相信的东西的艺术。
——阿巴·埃班

科学

认识真正的科学

科学家的成果是全人类的财产，而科学是最无私的领域。
——高尔基

科学不问现在和过去，是对一切可能存在事物的观察，预见虽然是渐进的，然而它是对即将发生事物的认识。
——达·芬奇

书本应该依据科学，而不是让科学去依据书本。
——培根

科学是一种谨慎、预知与实用的延伸过程。

——尼采

想喝水时，仿佛能喝下整个海洋似的，这是信仰；等到真的喝起来，一共也只能喝两杯罢了，这是科学。

——契诃夫

在科学的世界里，谬误如同泡沫，很快就会消失，真理则是永存的。

——寺田寅彦

科学和艺术是一枚硬币的两面。

——李政道

引诱肉体的是金钱、领地和闲散的休憩，吸引我灵魂的是科学、知识和理智。

——鲁达基

科学是为人类服务的

科学不是为了个人荣誉，不是为了私利，而是为人类谋幸福。

——钱三强

属于一个民族的科学是没有的，就如同乘法表不属于某一个民族一样；只属于一个民族的东西，那就不是科学。

——契诃夫

第四章 适合小学生的名人名言集锦

科学的真正的、合理的目的在于造福人类，用新的发明和财富丰富人类生活。

——培根

科学的种子，是为了人民的收获而生长的。

——门捷列夫

科学给青年以营养，给老人以慰藉；它让幸福的生活锦上添花，它在你不幸的时刻保护着你。

——罗蒙诺索夫

只要人类能明智地利用科学，那么在创造完美世界的道路上，能做到的事情看来几乎是无止境的。

——罗素

科学是一种强大的智慧的力量，它致力于破除禁锢着我的神秘的桎梏。

——高尔基

科学研究的进展及日益扩大的领域将唤起我们的希望，而存在于人类身心上的细菌也将逐渐消失。

——诺贝尔

努力攀登科学高峰

没有大胆的猜测就不会有伟大的发现。

——牛顿

科学成就是一点一滴积累起来的,唯有长时间地积聚,点滴才能汇成大海。

——华罗庚

钱永健

钱永健(1952年—),2008年度诺贝尔化学奖获得者之一,美国生物化学家,美国国家科学院院士,美国国家医学院院士,美国艺术与科学院院士。他是美籍华人,钱学森的堂侄。

你的科研领域应满足你的个性,为你内心提供快乐,这样当科研中的沮丧时期不可避免地到来时,你才能安然度过。

——钱永健

科学是老老实实的学问,来不得半点虚假,需要付出艰巨的劳动。

——郭沫若

一个没有想象力的科学家,好像一个拿着钝刀和旧秤的屠夫。

——纪伯伦

科学,绝非轻而易举的事业,只有坚毅的智者才适于从事科学。

——蒙田

要想攀登科学顶峰,先得学会科学常识。

——巴甫洛夫

科学要求每个人有极紧张的工作和伟大的热情。

——巴甫洛夫

第四章 适合小学生的名人名言集锦

科学是老老实实的东西,它要靠许许多多人民的劳动和智慧积累起来。
——李四光

在科学上,每一条道路都应该走一走,发现一条走不通的道路,就是对科学的一大贡献。
——爱因斯坦

攀登科学高峰,就像登山运动员攀登珠穆朗玛峰一样,要克服无数艰难险阻。
——陈景润

创新

创新中浸透着伟大

领袖和跟风者的区别就在于创新。
——史蒂夫·乔布斯

创新,是一个美妙的崇高的词眼。创新,是艺术工作者的天职。
——韩天衡

人生不在拼凑,而在创造。
——鲁迅

创新就是创造一种资源。
——彼得·杜拉克

人类的创新之举是极其困难的，因此便把已有的形式视为神圣的遗产。

——蒙森

想出新办法的人在他的办法没有成功以前，人家总说他异想天开。

——马克·吐温

一个具有天才的人具有超人的性格，绝不遵循通常人的思想和途径。

——司汤达

有创新才有发展

我们不能人云亦云，这不是科学精神，科学精神最重要的就是创新。

——钱学森

创新是唯一出路，淘汰自己，否则竞争对手将我们淘汰。

——安迪·格鲁夫

不断变革创新，就会充满青春活力；否则，就可能会变得僵化。

——歌德

独辟蹊径才能创造出伟大的业绩，在街道上挤来挤去不会有所作为。

——布莱克

敢于走前人没有走过的路的拓荒者，永远是不朽的。

——武者小路实笃

第四章 适合小学生的名人名言集锦

创新是科学永恒的生命力。

——阿西莫夫

科学需要幻想，发明贵在创新。

——爱迪生

只有创新才能推动历史前进。

——贝弗里奇

目前，尚无人因模仿而变成伟大的人。

——约翰生

问渠哪得清如许？为有源头活水来。

——朱熹

踩着前人的脚印前进，最佳结果也只能是"亚军"。

——李可染

如果学习只在模仿，那么我们就不会有科学，也不会有技术。

——高尔基

如果你要成功，你应该朝新的道路前进，不要跟随被踩烂了的成功之路。

——洛克菲勒

探寻创新之路

对于一个艺术家来说,如果能够打破常规,完全自由地进行创作,其成就往往是惊人的。

——卓别林

非经自己努力所得的创新,就不是真正的创新。

——松下幸之助

能正确地提出问题就是迈出了创新的第一步。

——李政道

对于创新来说,方法就是新的世界,最重要的不是知识,而是思路。

——郎加明

推陈出新是我无上的诀窍。

——莎士比亚

一个人若不经过一个长时间不见海岸的阶段,就发现不了新大陆。

——安德烈·纪德

求 知

永不满足对知识的渴求

如果亚运会、世乒赛和奥运会的冠军是我乒乓球生涯的三大满贯,那么清华获取学士学位、诺丁汉大学硕士毕业和取得剑桥博士,就是我要完成的另一项大满贯。

——邓亚萍

我愿意用我所有的科技去换取和苏格拉底相处的一个下午。

——史蒂夫·乔布斯

真正渴求知识的人总能求得知识。

——英国谚语

人不能像走兽那样活着,应该追求知识和美德。

——但丁

吾生也有涯,而知也无涯。

——庄子

知之为知之,不知为不知,是知也。

——孔子

三人行,必有我师焉。

——孔子

敏而好学，不耻下问。

——孔子

人的知识面愈广，人的本身愈臻完美。

——高尔基

学然后知不足，教然后知困。知不足，然后能自反也；知困，然后能自强也。

——戴圣

发奋识遍天下字，立志读尽人间书。

——苏轼

倾囊求知，无人能夺。投资知识，得益最多。

——富兰克林

知识就是力量

童年的无知可爱，少年的无知可笑，青年的无知可怜，中年的无知可叹，老年的无知可悲。

——于丹

知识改变命运。

——李嘉诚

星星使天空绚烂夺目，知识使人们增长才干。

——民间谚语

第四章 适合小学生的名人名言集锦

知识的用处就是夜行人的火把。

——阿拉伯谚语

知识就是力量。

——培根

知识是解除恐惧的良药。

——爱默生

光明给我们经验,读书给我们知识。

——奥斯特洛夫斯基

知识与科学领域里的豪情,是世上其他任何豪情都无法与之相拟的。

——希契科克

书是我们时代的生命。

——别林斯基

曹雪芹

曹雪芹(约1715年—约1764年),清代小说家,名沾,字梦阮,号雪芹、芹圃、芹溪。他在人生的最后几十年里,以坚韧不拔的毅力,历经10年创作了《红楼梦》这部中国古典小说中伟大的现实主义作品。

世事洞明皆学问,人情练达即文章。

——曹雪芹

心灵中的黑暗必须用知识来驱除。

——卢克莱修

知识是珍贵宝石的结晶，文化是宝石放出来的光彩。

——泰戈尔

无知识的热心，犹如在黑暗中远征。

——牛顿

无知是祸害漫游的黄昏。

——雨果

没有任何力量比知识更强大，用知识武装起来的人是不可战胜的。

——高尔基

知识能塑造人的性格。

——培根

求知可以改进人的天性，而实验又可以改进知识本身，人的天性犹如野生的花草，求知学习好比修剪移栽。

——培根

只要认真地用知识武装起来，你们就会摆脱你们不得不经受的那种沉重的生活，成为一个胜利者。

——高尔基

第四章 适合小学生的名人名言集锦

生活处处是知识

要想获得科学知识，就得从字母学起。

——法国谚语

知识从劳动中来，才能从斗争中来。

——柬埔寨谚语

怀疑为知识之钥匙。

——英国谚语

知识，只有当它靠积极的思维得来而不是凭记忆得来的时候，才是真正的知识。

——列夫·托尔斯泰

天然的才能好像天然的植物，需要学问来修剪。

——培根

马云

马云（1964年— ），浙江省杭州市人，阿里巴巴集团主要创始人之一，现任阿里巴巴集团主席、菜鸟网络科技有限公司董事长。他是《福布斯》杂志创办50多年来成为封面人物的首位来自中国大陆的企业家。

创业者书读得不多没关系，就怕不在社会上读书。

——马云

209

知识有两种，其一是我们自己精通的问题；其二是我们知道在哪里找到关于某问题的知识。

——约翰逊

创 造

生命的精彩在创造中产生

万事皆由人的意志创造。

——普劳图斯

谁有创造，谁就能在历史上占一席之地；谁没有创造，谁就会被历史淘汰。

——潘天寿

生命的第一个行动就是创造。

——罗曼·罗兰

一切生命的意义就在于此——在于创造的刺激。

——罗曼·罗兰

我创造，所以我生存。

——罗曼·罗兰

处处是创造之地，天天是创造之时，人人是创造之人。

——陶行知

第四章 适合小学生的名人名言集锦

生命就是不停地创造。

——泰戈尔

种种文明都可以说是创造冲动的产物。

——夏丏尊

唯创造才是快乐。只有创造的生灵才是生灵。

——罗曼·罗兰

小创造改变大世界

在生活的废墟上创造新的生活。

——朗费罗

什么是路？就是从没有路的地方践踏出来的，从只有荆棘的地方开辟出来的。

——鲁迅

向还没有开辟的领地进军，才能创造新天地。

——李政道

古龙

古龙（1938年—1985年），原名熊耀华，著名武侠小说家，新派武侠小说泰斗和宗师。他的武侠小说创作理念是"求新求变"，不受传统拘束，将中外经典熔铸一炉，他为"武侠美学"理念的形成与"武侠文化"的推广做出了巨大贡献。

第一个发明车辆的人，一定是懒得走路的人。就因为人们不愿吃苦，所以人类的生活才会进步。

——古龙

光明之前有混沌，创造之前有破坏。

——郭沫若

激发自由创造的热情

想别人不敢想的，你已经成功了一半。做别人不敢做的，你就会成功另一半。

——爱因斯坦

人有多大的自由度，就可能有多大的想象力和创造力。

——陈祖芬

创造者所渴求的是成就超人的愿望和射向他的箭。

——尼采

创造新陆地的，不是那滚滚的波浪，却是地底下那细小的泥沙。

——冰心

真正的创造是不计较结果的，它是一个人的内在力量的自然而然的实现，本身即是享受。

——周国平

要尊重自己的创造自由，先须尊重别人的创造自由。

——茅盾

第四章 适合小学生的名人名言集锦

欢乐的名字是创造。

——希恩

思 考

用思考亲近自己

我思故我在。

——笛卡尔

思维世界的发展，在某种意义上说，就是对惊奇的不断摆脱。

——爱因斯坦

今天心里知道的事，明天头脑就明白了。

——詹姆斯·史蒂芬斯

思考的意思是：亲近自己。

——乌纳木诺

思考是人类最大的快乐。

——伽利略

缺少知识就无法思考，缺少思考就不会有知识。

——歌德

谁不用脑子去思索，到头来他除了感觉之外将一无所有。

——歌德

人无远虑,必有近忧。

——孔子

脱离深思熟虑的行动的知识,是死的知识,是毁坏心智的沉重负担。

——杜威

读书不是为了雄辩和驳斥,也不是为了轻信和盲从,而是为了思考和权衡。

——培根

思想不是你要它来它便来,而是由它自己决定它的来去。

——叔本华

我除了知道我的无知这个事实外一无所知。

——苏格拉底

思维是灵魂的自我谈话。

——柏拉图

读书而不思考,等于吃饭而不消化。

——波尔克

掌握正确的思考方式

"思考"应当走到众人前面去,"愿望"不妨留在后面。

——富兰克林

第四章 适合小学生的名人名言集锦

要独立思考问题,不要人云亦云。

——爱默生

尽信书,则不如无书。

——孟子

哲学是思考的显微镜。

——雨果

不要把许多杂乱的词句塞在脑子里,而是要启发了解事物的能力,使之从这种能力之中流泻出来,像从活的泉眼——一条溪涧(知识)流出一样。

——夸美纽斯

哲学是别让你的舌头抢先于你的思考。

——德谟克利特

善问和善思是一对孪生兄弟。

——柯罗连科

思考是最伟大的财富

真知灼见,首先来自多思善疑。

——洛克威尔

思考是人类最大的乐趣。

——布莱希特

 中外名人名言

如果说我对世界有些微薄贡献的话,那不是由于别的,只是由于我的辛勤耐久的思索所致。

——牛顿

和自己的心进行斗争是很难堪的,但这种胜利则标志着这是深思熟虑的人。

——德谟克利特

人是为了思考才被创造出来的。

——帕斯卡

一分钟的思考抵得过一小时的唠叨。

——托马斯·胡德

把时间用在思考上是最能节省时间的事情。

——诺曼·卡曾斯

不下决心培养思考习惯的人,便失去了生活中最大的乐趣。

——爱迪生

伟大不只在事业上惊天动地,他时常不声不响地深思熟虑。

——克雷洛夫

人应当相信,不了解的东西总是可以了解的,否则他就不会再去思考。

——歌德

一个能思考的人,才真是一个力量无穷的人。

——巴尔扎克

第四章 适合小学生的名人名言集锦

冷静思考的能力，是一切智慧的开端，是一切善良的源泉。
——弗洛伊德

我思考，所以我生存。
——费尔巴哈

思考可以构成一座桥，让我们通向新的知识。
——普朗克

思想是会享用它的人的财产。
——爱默生

愿想的火焰，能照亮前进道路上的障碍，打开人生之谜，揭示朦胧的大自然的奥秘。
——高尔基

●名人故事

鲁迅在南京江南水师学堂读书时，因考试成绩优异，学校奖给他一枚金质奖章。然而，他并没有戴着奖章来炫耀，而是拿到鼓楼大街把它卖了，买回几本心爱的书和一串红辣椒。每当读书读到夜深人静、天寒体困时，他就摘下一只辣椒，分成几片，放在嘴里咀嚼，直嚼得额头冒汗，眼里流泪，嘴里发出"唏唏"的声音，过一会儿，就会周身发暖，困意消除，这时他又捧起书来攻读。

文 明

漫长历史铸就文明

文明方面的每一个进步在开始时都被斥责是不合人情的。
——罗素

较低落的文明通常会先接受较高文明的陋习、弱点和暴行。
——尼采

明日的文明,始于今日的奉献。
——爱因斯坦

富裕并不带来文明,而文明产生财富。
——斯托夫人

文明的建立靠的不是机器而是思想。
——列夫·托尔斯泰

真正的文明在于每个人把自己应得的权利留给他人。
——英格索尔

真正的文明是所有人种植幸福的结果。
——幸田露伴

日益增长的财富与日益增长的安逸为人类带来文明。
——狄斯雷利

第四章　适合小学生的名人名言集锦

文明的历史是人类得到缓慢而痛苦的解放的历史。

——英格索尔

文明也能磨灭力量

一般来讲，一个民族愈是文明，愈是彬彬有礼，他们的风尚就愈少诗意；一切在温和化的过程中失掉了力量。

——狄德罗

文明发展了头脑，却损坏了体魄。

——拿破仑

万物之中，文明是最脆弱的，任何高度的文明都经不起它所面临的多重危险的威胁。

——亨·哈·埃利斯

读 书

书是生命的源泉

书籍是人类进步的阶梯。

——高尔基

如果把生活比喻为创作的意境，那么阅读就像阳光。

——池莉

 中外名人名言

不尽读天下之书，不能相天下之士。

——汤显祖

书是我们时代的生命。

——别林斯基

热爱书吧——这是知识的泉源！

——高尔基

阅读的最大理由是想摆脱平庸，早一天就多一份人生的精彩；迟一天就多一天平庸的困扰。

——余秋雨

养心莫善寡欲，至乐无如读书。

——郑成功

三毛

三毛（1943年—1991年），中国当代著名女作家、旅行家。本名陈平，原名陈懋平，后期取笔名三毛。三毛曾留学欧洲，并定居西属撒哈拉沙漠，由此写出了许多充满异国情调的优美散文。其忠实读者遍布全球各地华人圈。

幸好爱看书，不然人生乏味。

——三毛

学会读书，便是点燃火炬；每个字的每个音节都发射火星。

——雨果

书籍是时代的镜子、历史的化石、人类文明的阶梯。

——高占祥

智慧里没有书籍,就好像鸟儿没有翅膀。

——莎士比亚

书籍是改造灵魂的工具。它对于人类之所以必需就在于它是滋补光阴的养料。

——雨果

读书让生命更精彩

阅读——这是最好的学问。

——普希金

读书使人充实,思考使人深邃,交谈使人清醒。

——富兰克林

读书之于心灵,犹如运动之于身体。

——理查德·斯蒂尔

读过一本好书,像交了一个益友,时间过得越长,情谊也就越深厚。

——臧克家

喜欢读书,就等于把生活中寂寞的辰光换成巨大享受的时刻。

——孟德斯鸠

读书愈多,精神就愈健壮而勇敢。

——高尔基

课外阅读,既是思考的大船借以航行的帆,也是鼓帆前进的风。

——苏霍姆林斯基

读了一本书,就像对生活打开了一扇窗户。

——奥斯特洛夫斯基

读书足以怡情,足以博得喝彩,足以长才。

——培根

读书使你聪明,使你开阔眼界,了解人生。

——曹禺

读书破万卷,下笔如有神。

——杜甫

一个家庭中没有书籍,等于一间房子里没有窗户。

——约翰逊

读一切好的书,就是和许多高尚的人谈话。

——笛卡尔

一本新书像一艘船,带领着我们从狭隘的地方,驶向生活的无限广阔的海洋。

——海伦·凯勒

第四章 适合小学生的名人名言集锦

光阴给我们经验，读书给我们知识。

——奥斯特洛夫斯基

名人故事

居里夫人的一位朋友曾应邀到她家里做客，走进屋里竟看见居里夫人的小女儿正在玩弄英国皇家协会刚刚授予居里夫人的一枚金质奖章，不禁大吃一惊，马上对居里夫人说："现在能够得到一枚英国皇家协会的金质奖章，是极高也是非常难得的荣誉，你怎么能给孩子玩呢？"居里夫人笑了笑，说："我就想让孩子们从小知道，荣誉就像玩具，只能玩玩而已，决不能永远守着它，否则就会一事无成。"

选择恰当的读书方式

真正有读书风气的时代，读书是个人的事情。

——周国平

冰心

冰心（1900年—1999年），原名谢婉莹，笔名冰心。现代著名诗人、作家、翻译家、儿童文学家，被称为"世纪老人"。

读书好，好读书，读好书。

——冰心

欲读天下之奇书,须明天下之大道。

——蒲松龄

读书欲精不欲博,用心欲专不欲杂。

——黄庭坚

我扑在书籍上,像饥饿的人扑在面包上一样。

——高尔基

不动笔墨不读书。

——徐特立

读书之法,在循序而渐进,熟读而精思。

——朱熹

好读书,不求甚解;每有会意,便欣然忘食。

——陶渊明

读书时,我愿在每一个美好思想的面前停留,就像在每一条真理面前停留一样。

——爱默生

读万卷书,行万里路。

——顾炎武

旧书不厌百回读,熟读深思子自知。

——苏轼

第四章 适合小学生的名人名言集锦

吾尝终日而思矣，不如须臾之所学也。

——荀子

开卷有益，掩卷有味。

——林语堂

一个人可以无师自通，却不可无书自通。

——闻一多

读书力求三性：韧性、记性、悟性。

——魏明伦

读书百遍，其义自见。

——陈寿

为学之道，莫先于穷理；穷理之要，必在于读书。

——朱熹

智 慧

智慧是人的宝贵财富

智是谋之本，有智才有谋，所以智比谋更重要。

——邓拓

良好的人生是受行动和智慧指导的。

——罗素

智慧的纪念碑比权力的纪念碑存在得更长久。

——培根

才智是人的精神武器。

——别林斯基

没有智慧的头脑，就像没有蜡烛的灯笼。

——列夫·托尔斯泰

知识关乎事物，智慧却关乎人生。

——周国平

即使是一个智慧的地狱，也比一个愚昧的天堂好些。

——雨果

乔万尼·薄伽丘

乔万尼·薄伽丘（1313年—1375年），意大利文艺复兴运动的杰出代表，人文主义者。他的代表作《十日谈》批判宗教守旧思想，主张"幸福在人间"，被视为文艺复兴的宣言，他与但丁、彼特拉克合称"文坛三杰"。

人类的智慧就是快乐的源泉。

——乔万尼·薄伽丘

优雅是上帝的礼物，而智慧则是天赐的机遇。

——兰格伦

第四章 适合小学生的名人名言集锦

思想和智慧是高尚的美德。

——海塞

智慧有三果：一是思虑周到，二是语言得当，三是行为公正。

——德谟克利特

智慧不是死的默念，而是生的沉思。

——斯宾诺莎

智慧、勤劳和天才，高于显贵和富有。

——贝多芬

做真正有智慧的人

纵使我们可以靠别人的学问而达成博学，最低限度也要靠自己的智慧才终能成为明哲。

——蒙田

我敢断定，一个有学问的傻瓜比一个一字不识的傻瓜更傻。

——莫里哀

智者千虑，必有一失；愚者千虑，必有一得。

——司马迁

明者防祸于未萌，智者图患于将来。

——陈寿

不知而自以为知,百祸之宗也。

——《吕氏春秋》

上智者必不自智,下愚者必不自愚。

——陈确

一个有智慧的人,才是一个真正无量无边的人。

——巴尔扎克

愚者能虑,与智者同识。

——崔敦礼

知者决之断也,疑者事之害也。

——司马迁

掌握智慧的艺术

人们追求智慧是为了求知,并不是为了实用。

——亚里士多德

凡是没有实际经验的,都只是口头智慧。

——菲利普·锡德尼

把所有的愚昧淘尽,会看到沉在最底下的智慧。

——贝尔纳

人非生而知之者,孰能无惑?

——韩愈

第四章 适合小学生的名人名言集锦

贤愚在心,不在贵贱;信欺在性,不在亲疏。
——王符

知人无务,不若愚而好学。
——《淮南子》

人皆知以食愈饥,莫知以学愈愚。
——刘向

智慧是经验的产儿。
——达·芬奇

智慧只能在真理中发现。
——歌德

智慧是对一切事物产生的原因的领悟。
——西塞罗

人的智慧不用就会枯萎。
——达·芬奇

得到智慧的唯一办法,就是用青春去买。
——杰克·伦敦

智慧只是理论而不能付诸实践,犹如一朵重瓣的玫瑰,虽然花色艳丽,香味馥郁,凋谢了却没有种子。
——叔本华

认识自身的缺点，是一个人最高智慧的表现。

——罗休夫柯

生活的智慧大概就在于逢事都问个为什么。

——巴尔扎克

智慧的可靠标志就是能够在平凡中发现奇迹。

——爱默生

心灵只有与自然相结合，才能产生智慧，才能产生想象力。

——梭罗

智慧的艺术就是懂得该宽容什么的艺术。

——威廉·詹姆斯

智慧并不产生于学历，而是来自对知识的终生不渝的追求。

——爱因斯坦

第四章 适合小学生的名人名言集锦

• 名人启迪

专心读书的小女孩

居里夫人即玛丽·居里，出生在波兰一个清贫的知识分子家庭。她从小就爱读书，而且一读起书来就特别专心，不管周围怎么吵闹，都分散不了她的注意力。

有一次，玛丽的姐姐和同学们一起玩，她们唱歌、跳舞、玩游戏，非常热闹，而玛丽就像没看见一样，在一旁聚精会神地读书。伙伴们看到玛丽专心致志读书的样子，就想试一试她是不是真的这样用心。伙伴们经过讨论想出了一个办法，她们悄悄地搬上椅子，蹑手蹑脚地来到玛丽的身后，将椅子堆成椅子塔，这样只要玛丽一动椅子就会倒在地上。时间一分一秒地过去了，可是玛丽仍然没有动静，她还沉浸在书的世界中，伙伴们都有些着急了。

又过了一段时间，玛丽终于看完书站了起来，只听见身后一声响，椅子塔倒了。玛丽看了看倒在地上的椅子，又看了看发出笑声的伙伴们，她的眼里满是疑惑，她还没弄清楚是怎么回事。等玛丽明白了以后，她也并没有生气，只是拿着书又到隔壁的房间去学习了。看到玛丽用心学习的样子，伙伴们再也不逗她了，而且表示要像她那样专心读书，认真学习。

少年时的玛丽就是这样专心致志学习的，她的学习成绩一直名列前茅。靠着勤奋学习和不懈努力，玛丽成了一名杰出的女科学家，在科学领域做出了卓越的贡献。

顾炎武读万卷书行万里路

明末清初有一位爱国主义思想家,叫顾炎武。他从7岁进入私塾学习开始,就非常喜欢读书。据说,他不仅熟读了《论语》《孟子》《诗经》《左传》等儒家经典"十三经",而且能够背诵。顾炎武超人的记忆力并不是天生的。他从小就用背诵诗文的办法来训练自己的记忆力。他把一本书背下来以后,经常复习,反复背诵。他曾经给自己规定,每天必须复习200页读过的书,不复习完决不休息。他用这个办法使读过的书能够终生不忘。

顾炎武这样勤奋地读了20多年书,到他45岁时,除了古代的经、史、子、集等著作以外,他还读完了各州、各府、各县的地方志和朝廷大臣的奏疏等共12000卷,阅读书籍的总数达到好几万卷。在他的家乡,再也找不到他没有读过的书了。于是,顾炎武开始周游天下,遍读天下的书。

顾炎武骑着一匹马,然后用另外两匹马和两匹骡子驮着自己的书,开始了长途旅行。他一路走一路复习自己读过的书。他每到一个地方,就向当地人了解风土人情、名胜特产、历史传说等,然后一一记录下来。如果发现与书本记载不相符的地方,顾炎武就详细调查,把考察的结果记在书本有关章节的旁边。顾炎武经过长期读书和积累,写成了《天下郡国利病书》(120卷)和《日知录》(32卷)等著作,成为当时最有名望的学者。

喂鸡求学的诸葛亮

诸葛亮小的时候，跟着隐居在襄阳城南的水镜先生学习兵法。水镜先生养了一只公鸡，公鸡一到晌午啼叫三声，水镜先生就下课了。诸葛亮听课听得很不过瘾。

后来，他想了一个办法，在裤子上缝了一个口袋，每天上学的时候，就抓几把小米放在口袋里。快到晌午时，他悄悄地朝窗外撒一把小米。公鸡见有黄灿灿的小米，顾不上啼叫，就啄食起来。刚刚啄完，诸葛亮又撒一把，直到把口袋里面的小米撒完。

等公鸡吃完小米再叫时，水镜先生已多讲了一个时辰的课了。

水镜先生多讲了一个时辰的课，可把师娘饿坏了，时间长了不免抱怨几句："怎么搞到这么晚，晌午过了，也不知道饿！"

"你没听见鸡才叫吗？"水镜先生说。

师娘是个聪明人，知道其中必有奥妙。

第二天快到晌午的时候，她悄悄地来到了院子里，只见那只花颈公鸡刚要伸长脖子叫唤，就有人从书房窗口撒出一把小米。她走上前，把事情看了个仔细，又悄悄地回家了。

这天水镜先生回来，师娘笑着说："你这个当先生的，还不如小诸葛亮。"于是她把刚才看到的情况，一五一十地告诉了水镜先生。

水镜先生听后一愣，又哈哈大笑起来，心想诸葛亮喂鸡求学，真是聪明过人，将来必定是盖世奇才。

诸葛亮经过刻苦学习，终于成为杰出的政治家和军事家，帮助刘备建立了蜀汉政权。

为人·处世篇

诚 信

诚信拥有无形的力量

没有诚实何来尊严？
——西塞罗

小信诚则大信立。
——韩非

信用既是无形的力量，也是无形的财富。
——松下幸之助

以诚待人，别人也会以诚相见。
——池田大作

人而无信，不知其可也。
——孔子

若有人兮天一方，忠为衣兮信为裳。
——卢照邻

伟大诚实是雄辩的利斧。
——罗曼·罗兰

第四章 适合小学生的名人名言集锦

你必须以诚待人,别人才会以诚相报。

——李嘉诚

诚者,圣人之本。

——周敦颐

诚实是人生的命脉,是一切价值的根基。

——德莱塞

走正直诚实的生活道路,必定会有一个问心无愧的归宿。

——高尔基

一个人严守诺言,比守卫他的财产更重要。

——莫里哀

人性的尊严与光荣不在精明而在诚实。

——蒙森

以信接人,天下信之;不以信接人,妻子疑之。

——杨泉

对人对事都要坚持诚信

不诚则欺心而弃己,与人不诚则丧德而增怨。

——程颐

实话是我们最宝贵的东西,我们节省着使用吧。

——马克·吐温

遵守诺言就像保卫你的荣誉一样。

——巴尔扎克

肯说真话,敢驳假话,不说谎话。

——陶行知

一个人要表现最高的真诚,就必须做到无事不可对人言。

——泰戈尔

大丈夫以信义为重。

——罗贯中

诚信是天地之正道

诚信绝对不是一种销售,更不是一种高深空洞的理念,它是实实在在的言出必行、点点滴滴的细节。

——马云

诚实而无知,是软弱的、无用的;然而有知识而不诚实,却是危险的、可怕的。

——约翰逊

先相信你自己,然后别人才会相信你。

——屠格涅夫

第四章 适合小学生的名人名言集锦

在只能说谎与沉默两者之间选择,沉默也是好的。

——何其芳

如果我丧失了真理和诚实,就等于和我的敌人一起击败了我自己。

——莎士比亚

巧诈不如拙诚。

——韩非

无论谁,只要说一句谎话,他就失去了纯洁的心。

——贝多芬

言必信,行必果。

——墨子

诚实的人必须对自己守信,他的最后靠山就是真诚。

——爱默生

真话说一半常是弥天大谎。

——富兰克林

诚者,天之道也;思诚者,人之道也。

——孟子

心口如一,犹不失为光明磊落丈夫之行也。

——梁启超

诚实的人从不为自己的诚实而感到后悔。

——托富勒

生命不可能从谎言中开出灿烂的鲜花。

——海因里希·海涅

团 结

团结创造智慧与力量

将知识的力量、团结的力量加上献身精神的力量结合起来，我们将无往而不胜。

——徐冠仁

一致是强有力的，而纷争易于被征服。

——伊索

谁若脱离集体，谁的命运就要悲哀。集体什么时候都能提高你，并且使你两脚站得稳。

——奥斯特洛夫斯基

共同的事业，共同的斗争，可以使人们产生忍受一切的力量。

——奥斯特洛夫斯基

上下同欲者胜。

——孙武

第四章 适合小学生的名人名言集锦

一滴水只有放进大海里才永远不会干涸，一个人只有当他把自己和集体事业融在一起的时候才最有力量。

——雷锋

能用众力则无敌于天下；能用众智则无畏于圣人矣。

——孙权

单矢易断，众矢难折。

——闻一多

团队精神是事业成功的保证

什么是团队呢？就是不要让另外一个人失败，不要让团队任何人失败。

——马云

个人如果单靠自己，如果置身于集体的关系之外，置身于任何团结民众的伟大思想的范围之外，就会变成怠惰的、保守的、与生活发展相敌对的人。

——高尔基

要永远觉得祖国的土地稳固地在你脚下，要与集体一起生活，要记住，是集体教育了你。哪一天你若脱离集体，那便是末路的开始。

——奥斯特洛夫斯基

唯有具备强烈合作精神的人，才能生存，并创造文明。

——泰戈尔

我们一起创建的是团队的文化，而不是抱怨的文化。

——马云

团结凝聚力量

人民是土壤，它含有一切事物发展所必需的生命汁液；而个人则是这土壤上的花朵与果实。

——别林斯基

我不应把我的作品全归功于自己的智慧，还应归功于除我以外，向我提供素材的成千成万的事情和人物。

——歌德

每个人应该遵守生之法则，把个人的命运联系在民族的命运上，将个人的生存放在群体的生存里。

——巴金

朋友间的不和，就是敌人进攻的机会。

——伊索

一切使人团结的都是善与美，一切使人分裂的都是恶与丑。

——列夫·托尔斯泰

不管努力的目标是什么，不管他干什么，他单枪匹马总是没有力量的。合群永远是一切善良思想的人的最高需要。

——歌德

幽默

幽默的真实表现

你可以假装严肃，却无法假装诙谐。
——萨夏·吉特里

真正的幽默板着面孔，而周围的人们却围着它笑；虚假的幽默本身笑个不停，而周围的人们却板着面孔。
——爱迪生

在幽默的领域里，重复的威力是很大的。几乎任何一个用词确切一成不变的习惯用语，只要每隔一段时间郑重地重复它五六次，最后总是逼得人家忍不住笑起来。
——马克·吐温

最出色的幽默和讽刺往往是无意识的。
——塞缪尔·巴特勒

幽默，可以说是一个敏锐的心灵，在精神饱满、意趣洋溢时的自然流露。
——余光中

幽默是最高级的笑的形式，同时它是向悲剧过渡的喜剧。
——科林伍德

幽默是心灵的微笑。最深刻的幽默是一颗受了致命伤的心灵发出的微笑。
——周国平

幽默多一分便成为油滑,幽默少一分则成为做作。

——刘心武

使你发笑的人,滑稽;使你想了一下才笑的,幽默。

——普拉斯

幽默和风趣是智慧的闪现。

——莎士比亚

人的才能不一样,有的人会幽默,有的人不会,不会幽默的人最好不必勉强。

——老舍

幽默带给人乐观与希望

可以说,诙谐幽默是人们在社交场合所穿的最漂亮的服饰。

——萨克雷

挖苦是不健康的幽默。

——赫·乔·威尔斯

有幽默感的人不会让人厌弃,有幽默感的话题不会给人压力。

——池田大作

预先构思好的幽默往往显得笨拙。灵机一动的幽默往往更加精妙。

——刘心武

第四章 适合小学生的名人名言集锦

没有幽默滋润的国民,其文化必日趋虚伪,生活必日趋欺诈,思想必日趋迂腐,文学必日趋干枯,而人的心灵必日趋顽固。

——林语堂

幽默感就是分寸感。

——纪伯伦

幽默当然用笑来发泄,但是笑未必就表示着幽默。

——钱钟书

人生没有幽默,就像春天没有鲜花。

——池田大作

正 义

社会需要正义的力量

正义的目的,是赋予每一个人应得的权益。

——西塞罗

主持正义是政府最坚实的支柱。

——华盛顿

世界上没有像正义那样真正伟大而神圣的德行。

——亚里士多德

多行不义必自毙，子姑待之。

——左丘明

以仁安义，以义正我。

——董仲舒

就是因为有了正义感，人才成为人，而不成为狼。

——培根

马丁·路德·金

马丁·路德·金（1929年—1968年），将"非暴力"和"直接行动"作为社会变革方法的最为突出的倡导者之一，1963年8月28日在林肯纪念堂前发表《我有一个梦想》的演说，1964年度诺贝尔和平奖获得者。

任何一地的不公正，对于无论何地的公正，都是一种威胁。

——马丁·路德·金

政府坚实的基础是公正，不是怜悯。

——威尔逊

即使全世界都毁灭了，正义也是不能没有的。

——罗曼·罗兰

第四章 适合小学生的名人名言集锦

正义本相难定论

对大多数人而言，爱好正义只是唯恐自己遭受冤屈而已。
——拉罗什富科

正义是一台机器，一旦有人把它推一下，它就会自己开始旋转下去。
——高尔斯华绥

不自由，就不可能有正义。
——威尔逊

正义没有武力是无能；武力没有正义是暴政。
——帕斯卡

和 谐

和谐，大写的"美"

"和谐"这一概念，是我们中华民族送给世界的一个伟大礼物。
——季羡林

幸福永远存在于人类不安的追求中，而不存在于和谐与稳定之中。
——鲁迅

美的真谛应该是和谐。这种和谐体现在人身上,就造就了人的美;表现在物上,就造就了物的美;融汇在环境中,就造就了环境的美。

——冰心

亲善产生幸福,文明带来和谐。

——雨果

各美其美,美人之美,美美与共,天下大同。

——费孝通

追求和谐,人心向之

我们讲和谐,不仅要人与人和谐,人与自然和谐,还要人内心和谐。

——季羡林

看不见的和谐比看得见的和谐更美。

——赫拉克利特

君子和而不同,小人同而不和。

——孔子

尊 重

自尊自爱是人的道德基础

为人粗鲁意味着忘记了自己的尊严。

——车尔尼雪夫斯基

无论是别人在跟前或者自己单独的时候，都不要做卑劣的事情：最要紧的是自尊。

——毕达哥拉斯

人要想对自己的尊严有所觉悟，就必须谦虚。

——汤因比

自尊心是一个人品德的基础。若失去了自尊心，一个人的品德就会瓦解。

——斯托夫人

自尊自爱，作为一种力求完善的动力，却是一切伟大事业的渊源。

——屠格涅夫

人应尊敬他自己，并应自视能配得上最高尚的东西。

——黑格尔

自尊，迄今为止一直是少数人所必备的一种德性。凡是在权利不平等的地方，它都不可能在服从于其他人统治的那些人的身上找到。

——罗素

没有自我尊重，就没有道德的纯洁性和丰富的个性精神。对自身的尊重、荣誉感、自豪感、自尊心——这是一块磨炼细腻感情的砺石。

——苏霍姆林斯基

敬人者，人恒敬之

尊重别人的长处，在任何情况下都平等待人的人，才是道德高尚的人。

——苏霍姆林斯基

仁者必敬人。

——荀子

君子贵人而贱己，先人而后己。

——戴圣

我们之所以爱一个人，是因为我们认为那个人具有我们所尊重的品质。

——卢梭

尊重人不应该胜于尊重真理。

——柏拉图

爱人者，人恒爱之；敬人者，人恒敬之。

——孟子

只有尊敬他人，自己才能够受到尊敬。

——爱迪生

尊敬别人就是尊敬自己。

——高尔斯华绥

对孩子要尊重，不要过多地在他们面前施展父母的威严，他们单独待着的时候，不要去打搅他们。

——爱默生

人与人之间要互敬互爱

卑己而尊人是不好的，尊己而卑人也是不好的。

——徐特立

只知道他自己尊严的人，他就完全不能尊重别人的尊严。

——席勒

对人不尊敬的人，首先就是对自己不尊重。

——陀思妥耶夫斯基

尊重生命、尊重他人，也尊重自己的生命，是生命进程中的伴随物，也是心理健康的一个条件。

——弗洛姆

对于应尊重的事物，我们应当或是缄默不语，或是大加称颂。

——尼采

要尊重每一个人，不论他是何等卑微与可笑。要记住活在每个人身上的是和你我相同的性灵。

——叔本华

我们的一切事业都只趋向于两个目的：为了自己生活的安乐和在众人之中受到尊敬。

——卢梭

所需要的不是相互间的爱，那么至少也是相互间的尊重、相互间的信任，以及彼此相处的绝对正直。

——契诃夫

真 诚

待人接物要有真诚的态度

我希望我将具有足够的坚定性和美德，借以保持所有称号中，我认为最值得羡慕的称号：一个真诚的人。

——华盛顿

诚者既不怕光也不怕黑暗。

——托富勒

第四章 适合小学生的名人名言集锦

称许要真诚，赞美要慷慨。这样人们就会珍惜你的话，把它们视为珍宝，并且一辈子都要重复着它们——在你已经遗忘以后，还重复着它们。
——戴尔·卡耐基

君子养心，莫善于诚。
——荀子

真者，精诚之至也，不精不诚，不能动人。
——庄子

真诚是玻璃，谨慎是钻石。
——中国名言

见其诚心而金石为之开。
——刘向

学贵信，信在诚。诚则信矣，信则诚矣。
——程颐

真诚的关心，让人心里那股高兴劲儿就跟清晨的小鸟迎着春天的朝阳一样。
——高尔基

真诚是处世行事的最好方法。
——帕特里克·怀特

 中外名人名言

真诚是一切价值的根基

唯天下至诚,方能经纶天下之大经,立天下之大本。
——子思

世界上没有比真诚更可贵的了。
——西塞罗

没有一种遗产能像真诚那样丰富的了。
——莎士比亚

一两重的真诚,其值等于一吨重的聪明。
——德国谚语

真诚是人生的命脉,是一切价值的根基。
——德莱塞

真诚是一座阶梯,也是达到认识之前的手段之一。
——尼采

真诚与朴实是天才的宝贵品质。
——斯坦尼斯拉夫斯基

真诚是通向荣誉之路。
——左拉

第四章 适合小学生的名人名言集锦

唯天下至诚，为能尽其性。

——子思

真诚是一种心灵的开放。

——拉罗什富科

如同性格的唯一基础那样，深邃的真诚也是才能的唯一基础。

——爱默生

诚者，天之道也；思诚者，人之道也。

——孟子

名人启迪

曾参杀猪

曾参，博学多才，德行高尚，十分注重修身养性。

一次，他的妻子要到集市上办事，年幼的孩子吵着要去。曾参的妻子不愿带孩子去，便对孩子说："你在家好好玩，等妈妈回来，将家里的猪杀了煮肉给你吃。"孩子听了，非常高兴，不再吵着去集市了。

这话本是哄孩子说着玩的，过后，曾参的妻子便忘了。不料，曾参却真的把家里的一头猪杀了。妻子看到曾参把猪杀了，就说："我是为了让孩子安心地在家里等着，才说等赶集回来把猪杀了煮肉给他吃的，你怎么当真呢？"

曾参说："孩子是不能欺骗的。孩子年纪小，不懂世事，只得学习别人的样子，尤其是以父母作为生活的榜样。今天你欺骗了孩子，玷污了他的心灵，明天孩子就会欺骗你、欺骗别人；今天你在孩子面前言而无信，明天孩子就不会再信任你，你看这危害有多大呀！"

张良拜师

张良年轻时，曾计划要刺杀暴君秦始皇，可是失败了。为躲避官府通缉，他潜藏在下邳。

有一天，张良闲游到一座桥上，遇见一位穿褐衣的老翁。那老翁见张良走近，便故意将鞋坠落桥下，让张良下桥去捡。张良很不高兴，强忍着怒气下桥捡鞋。等张良把鞋捡上来交给老翁时，老翁又让他帮着把鞋穿上。于是，张良跪着帮老翁穿上了鞋。老翁没客气，笑眯眯地离开了。临走时留下了一句话："小子可教矣！五天后的黎明时分在这里等我。"张良按老翁的指示，五天后天刚亮，他就来到桥上，不料老翁早待在那里，见了张良便怒斥道："跟老人约期却迟到，岂有此理。过五天再早些见我。"说完就离去了。

又过了五天，鸡刚打鸣，张良便匆匆地赶到了桥上，可是不知怎的，他还是比老翁来得晚。老翁这回更不高兴了，只是重复了一遍上回说的，就拂袖而去了。

这下张良可有点急了，又过了五天，他索性觉也不睡了，在午夜之前便来到桥上等着。一会儿老翁来了，见着他便点头称是，并从袖中拿出一本书，很神秘地说："你读了这本书，就可以做帝王的先生了。十年之后，兵事将起。再过十三年，你到济北，可与我重逢，谷城山下的那块黄石，便是我的化身。"说完飘然而去。

天一亮，张良打开书一看，原来是《太公兵法》。张良特别高兴。后来张良认真研读黄石老翁授给的那部兵法书，真的当上了汉高祖刘邦的高级参谋。

人生·理想篇

生 命

善待生命,享受人生

一个人只要不讨厌自己,是不该怕无聊的。不读别的书,正好仔细读自己的灵魂这本书。

——周国平

假如生命是无趣的,我怕有来生;假如生命是有趣的,今生已是满足的了。

——冰心

懂得生命真谛的人,可以使短促的生命延长。

——意大利谚语

生命不可能有两次,但许多人连一次也不善于度过。

——吕凯特

人的真正生命是人自己制作出来的,同时也是自身消耗的。

——列夫·托尔斯泰

生命的目的,是在生活中跟自然协调一致。

——芝诺

第四章 适合小学生的名人名言集锦

我们得到生命的时候附带有一个不可缺少的条件:我们应当勇敢地捍卫生命,直到最后一分钟。

——狄更斯

生命不仅是生活,而且是健康的享受。

——尼古拉·雅科夫列维奇·马尔

真正的圣者的信条是善用生命,充分地利用生命。

——赫伯特

当我活着时,我要做生命的主宰,而不做它的奴隶。

——惠特曼

使一个人的有限生命更加有效,也即等于延长了人的生命。

——鲁迅

我们的生命虽然短暂而且渺小,但是伟大的一切都由人的手所创造。

——屠格涅夫

利用生命,绽放光彩

虽然我这么多年没有跳过舞,但是我一直没有停止生命的舞蹈,我想生命的舞蹈可能比现实的舞蹈更美丽。

——张海迪

生命中最重要的不是你获得了什么,而是你克服了什么。

——泰格·伍兹

 中外名人名言

一个伟大的灵魂，会强化思想和生命。

——爱默生

生命的意义在于活得充实，而不在于活得长久。

——马丁·路德·金

我总觉得，生命本身应该有一种意义，我们绝不是白白来一场的。

——席慕蓉

生命只要你充分利用，它便是长久的。

——塞涅卡

有些人的生命像沉静的湖，有些像白云飘荡的一望无际的天空，有些像丰腴富饶的平原，有些像断断续续的山峰。

——罗曼·罗兰

生命是一张弓，那弓弦是梦想。

——罗曼·罗兰

我感谢生活给了我一支能说话的笔，它让我去倾诉、去抗争，我不仅活着，而且在写作中放飞了心灵。

——张海迪

重要的不是永恒的生命，而是永恒的活力。

——尼采

第四章 适合小学生的名人名言集锦

我自己也和我过去的灵魂告别了，我把它当作空壳似的扔掉了。生命是连续不断的死亡与复活。

——罗曼·罗兰

生命在闪光中见绚烂，在平凡中见真实。

——西恩·帕克

伽利略

伽利略（1564年—1642年），近代实验科学与机械唯物主义的奠基者之一，是意大利文艺复兴后期伟大的天文学家、力学家、哲学家、物理学家、数学家，也是近代实验物理学的开拓者，被誉为"近代科学之父"。

生命有如铁砧，愈被敲打，愈能发出火花。

——伽利略

我们的生命像世界的协奏曲，由相异的因素组成，美妙的和刺耳的，尖锐的和平展的，活泼的和庄严的。

——蒙田

要交出生命是很容易的事情，但是困难却在如何使这生命像落红一样化作春泥，还可以培养花树，使来春再开出灿烂的花朵。

——巴金

 中外名人名言

尊重生命，珍爱生命

内容充实的生命就是长久的生命。我们要以行为而不是以时间来衡量生命。

——塞涅卡

若得不到丰富的、充实的生命，那么活着与死亡又有什么区别？

——巴金

我存在，乃是所谓生命的一个永久的奇迹。

——泰戈尔

我们全都是短命人，回忆者和被回忆者全都一样。

——马可·奥勒留

生命的用途并不在长短而在我们怎样利用它。许多人活的日子并不多，却活得很长久。

——蒙田

诺贝尔

诺贝尔（1833年—1896年），瑞典化学家、工程师、发明家、军工装备制造商和炸药的发明者。在他的遗嘱中，他利用他的巨额财富创立了诺贝尔奖，各种诺贝尔奖项均以他的名字命名。

第四章 适合小学生的名人名言集锦

生命,那是大自然给人类去雕琢的宝石。

——诺贝尔

世界上只有一种英雄主义,那就是了解生命而且热爱生命的人。

——罗曼·罗兰

寿命的缩短与思想的虚耗成正比。

——达尔文

要真正体验生命,你必须站在生命之上。

——尼采

我们的生命由于我们的愚昧而普遍缩短了。

——斯宾塞

生命只是荷叶上的露珠而已。

——泰戈尔

在广阔无际的宇宙面前,个人的生命远不及沧海一粟。

——张五常

人们说生活是短暂的,我认为是他们自己使生命那样短暂的。

——卢梭

当你面临夭折时你就会意识到,生命是宝贵的,你有大量的事情要做。

——霍金

人生像曲曲折折的山涧流水，断了流却又滚滚而来。

——约翰·波普

所有的理论都是灰色的，而宝贵的生命之树常青。

——歌德

生命是唯一的财富。

——罗斯金

重要的是如何生存，而不是如何死亡。

——约翰逊

不要在疑惧中浪费生命。

——爱默生

希 望

希望是生命的灵魂

希望是热情之母，它孕育着荣誉，孕育着力量，孕育着生命。一句话，希望是世间万物的主宰。

——普列姆昌

希望是生命的源泉，失去它生命就会枯萎。

——富兰克林

第四章 适合小学生的名人名言集锦

希望是生命的灵魂，心灵的灯塔，成功的向导。

——歌德

鼓舞人前进的是希望，而不是失望。

——巴金

希望里蕴藏着极大的力量，能使志向和幻想成为事实。

——弥尔顿

希望会使你年轻，因为希望和青春是同胞兄弟。

——雪莱

希望是永远的喜悦，有如人类拥有的土地，是每年都收获、绝不会耗尽的确定财产。

——斯蒂文森

希望之"桥"就是从"信心"这个词而来的——而这是一条把我们引向无限博爱的桥。

——安徒生

生活处处充满希望

世事之乐不在于实行而在于希望，犹似风景之美不在其中而在其外。

——丰子恺

希望是对未来荣耀的某种期待。

——但丁

 中外名人名言

没有了希望，一个人就不能维持他的信仰，保守他的精神，或保全他的内心纯洁。

——巴尔扎克

在生活中应当抱有莫大的希望，并以热情和毅力来开拓自己的希望。

——雷马克

希望是全人类共有的东西，即使是不名一文的乞儿也有。

——泰勒斯

在任何情况中，希望都是不可或缺的。

——约翰逊

强大的勇气，崭新的意志——这就是希望。

——路德

莫泊桑

莫泊桑（1850年—1893年），19世纪后半期法国优秀的批判现实主义作家，与契诃夫和欧·亨利并称"世界三大短篇小说巨匠"，对后世产生极大影响，被誉为"短篇小说之王"。

人生活在希望之中。

——莫泊桑

人生是海洋，希望是舵手的罗盘，使人们在暴风雨中不致迷失方向。

——狄德罗

第四章 适合小学生的名人名言集锦

当你的希望一个个落空，你也要坚定，要沉着！

——朗费罗

没有希望便没有恐惧，没有恐惧也就不会有希望。

——斯宾诺莎

生活在前进。它之所以前进，是因为有希望在；没有了希望，绝望就会把生活毁掉。

——特罗耶波尔斯基

人类的希望像是一颗永恒的星，乌云掩不住它的光芒。特别是在今天，和平不是一个理想，一个梦，它是万人的愿望。

——巴金

希望就在脚下

明天的希望，让我们忘了今天的痛苦。

——李嘉诚

幸运的不是始终去做你所希望做的事，而是始终希望达到你所做的事情的目的。

——列夫·托尔斯泰

希望是本无所谓有，无所谓无的。这正如地上的路，其实地上本没有路，走的人多了，也便成了路。

——鲁迅

最愚蠢的莫过于把希望寄托在别人身上。

——肯比斯

把希望建筑在意欲和心愿上面的人,二十次中有十九次都会失望。

——大仲马

我们应该不要让自己的畏惧阻挠我们去追求自己的希望。

——肯尼迪

希望是坚韧的拐杖,忍耐是旅行袋,携带它们,人可以登上永恒之旅。

——罗素

人生

多样人生,多样生活

苦难是人生最好的老师。

——巴尔扎克

人生是跋涉,也是旅程;是等待,也是相逢;是探险,也是寻宝;是眼泪,也是歌声。

——汪国真

人生犹如一本书,愚蠢者草草翻过,聪明人细细阅读。为何如此?因为他们只能读它一次。

——保罗

第四章 适合小学生的名人名言集锦

人生实在是一本书，内容复杂，分量沉重，值得翻到个人所能翻到的最后一页，而且必须慢慢地翻。

——沈从文

我们要把人生变成一个科学的梦，然后再把梦变成现实。

——居里夫人

人生就像挤公共汽车，你上去的时候感觉很挤，但只要你愿意晃荡，挤来挤去总能找到个不挤的地方，偶尔还有一个座。

——李彦宏

丑角也许比英雄更知人生的辛酸。

——周国平

人生据说是一部大书。假使人生真是这样，那么，我们一大半作者只能算是书评家。

——钱钟书

• 名人故事

  物理学家安培思考科学问题时专心致志。有一次他正去往学校，边走边思索一个电学问题。经过塞纳河边时，他随手捡起一块鹅卵石装进口袋。过了一会儿，又从口袋里掏出来扔到河里。到学校后，他习惯性地掏怀表看时间，拿出来的却是一块鹅卵石。原来，怀表已被他扔进了塞纳河。

寻求有意义的人生

当一个人能把自己的一切献给社会的时候，这就是最有意义的一生了。

——张海迪

寄蜉蝣于天地，渺沧海之一粟。哀吾生之须臾，羡长江之无穷。

——苏轼

一个尝试错误的人生不但比无所事事的人生更荣耀，而且更有意义。

——萧伯纳

造物主赐予我们的生命是短暂的，然而人们对有意义的生活的怀念却是长久的。

——西塞罗

人生虽只有几十个春秋，但它绝不是梦一般的幻城，而是有着无穷可歌可泣的深长意义的。符合真理，生命便会得到永生。

——泰戈尔

要探索人生的意义，体会生命的价值，就必须去追寻能使自己献出生命的某个东西。

——武者小路实笃

平庸的生活使人感到一生不幸，波澜万丈的人生才能使人感到生存的意义。

——池田大作

第四章 适合小学生的名人名言集锦

感悟人生之真谛

人生没有彩排，每一天都是现场直播。

——易中天

人生的刺，就在这里，留恋着不肯快走的，偏是你所不留恋的东西。

——钱钟书

人生至要之事是发现自己，所以有必要偶尔与孤独、沉思为伍。

——南森

每个人都想争取一个完满人生。然而，自古至今，海内海外，一个百分百完满的人生是没有的。所以我说，不完满才是人生。

——季羡林

人生天地之间，若白驹之过隙，忽然而已。

——庄子

一生复能几，倏如流电惊。

——陶渊明

为了解人生有多么短暂，一个人必须走过漫长的生活道路。

——叔本华

人生有如赴宴，不可喝得过度，最好趁喉咙未渴便离去。

——亚里士多德

你要活得随意些,你就只能活得平凡些;你要活得辉煌些,你就只能活得痛苦些;你要活得长久些,你就只能活得简单些。

——席慕蓉

人生不是一支短短的蜡烛,而是一支由我们暂时拿着的火炬,我们一定要让它燃得十分光明灿烂,然后交给下一代。

——萧伯纳

对于我来说,生命的意义在于设身处地替人着想,忧他人之忧,乐他人之乐。

——爱因斯坦

人生最终的价值在于觉醒和思考的能力,而不只在于生存。

——亚里士多德

真正的人生,只有在经过艰苦卓绝的斗争之后才能实现。

——塞涅卡

曹操

曹操(155年—220年),东汉末年著名的军事家、政治家和文学家,被封为魏王。三国时期魏国的奠基人,其子曹丕称帝后,追尊他为魏武帝。

对酒当歌,人生几何;譬如朝露,去日苦多。

——曹操

笑面人生，笑对生活

人生的光荣，不在于永远不失败，而在于能够屡扑屡起。

——拿破仑

人生的乐趣全在这定与不定之间，你也永远不会知道自己究竟成功与否，享受过程才最重要。

——杨澜

人的一生就是在不断进行尝试，尝试得越多，生活就越美好。

——爱默生

谁要游戏人生，他就一事无成；谁不能主宰自己，就永远是一个奴隶。

——歌德

一个人的价值，应当看他贡献什么，而不应当看他取得什么。

——爱因斯坦

在命运的颠沛中，最可以看出人们的气节。

——莎士比亚

人生有两出悲剧。一是万念俱灰；另一是踌躇满志。

——萧伯纳

应该笑着面对生活，不管一切如何。

——伏契克

在人生的舞台上，有些人只注意活得长久，而有些人更注重活得精彩。

——塞涅卡

人生自古谁无死，留取丹心照汗青。

——文天祥

谁踏踏实实地看待人生，谁就能将人生看透。

——马·阿诺德

恒心

万事从来贵有恒

刚强是放在内心的，持之以恒的追求也是放在内心的，所以外表的柔和并不能抹杀你的刚强和你持之以恒的决心。

——俞敏洪

前途并不属于那些犹豫不决的人，而是属于那些一旦决定之后，就不屈不挠、不达目的誓不罢休的人。

——罗曼·罗兰

不要怕出错，也不要畏惧挑战，你应该坚持到底，在出人头地的过程中努力再努力。

——比尔·盖茨

第四章 适合小学生的名人名言集锦

治学,做研究工作,必须持之以恒,不怕失败。摔倒了,爬起来,想一想,再前进。

——华罗庚

积累知识在于勤,学问渊博在于恒。

——雨果

要刻苦钻研,要坚持,持之以恒。三天打鱼两天晒网的人学不好,在学习上想走捷径的人学不会。

——徐特立

不管是砌砖还是当作家,都应该选择一把椅子,然后坚持不懈。

——帕瓦罗蒂

做学问要花工夫,持之以恒,日积月累。

——吴玉章

最可怕的敌人,就是自己没有坚定的信念和顽强的毅力。

——罗曼·罗兰

世上缺乏的是毅力,而非气力。

——雨果

毅力是永恒的享受。

——布莱克

耐心和持久胜过激烈和狂热。

——拉封丹

如果我坚持什么，就是用大炮也不能打倒我。
——巴甫洛夫

一件事情，一旦着手，不达目的，决不罢休。
——莎士比亚

取得成就时坚持不懈，要比遭到失败时顽强不屈更重要。
——拉罗什富科

万事从来贵有恒。
——谢觉哉

你希望成功，当以恒心为良友。
——爱迪生

顽强的毅力可以征服世界上任何一座高峰。
——狄更斯

当你不懂得放弃的时候，你可以告诉自己你还懂得坚持。
——李开复

伟大的事业根源于坚韧不断地工作，以全副精神去从事，不避艰苦。
——罗素

第四章 适合小学生的名人名言集锦

胜利属于有恒心的人

恒心是达到目的最近的通道。
——劳伦斯

胜利者不一定是跑得最快的人，而是最能耐久的人。
——富兰克林

耐心和恒心总会得到回报的。
——爱因斯坦

成功的秘诀，在于永不改变既定的目标。
——卢梭

一个人如果做事没有恒心，他是任何事也做不成功的。
——牛顿

常常是最后一把钥匙打开了门。
——钱学森

一朝开始便永远能够将事业继续下去的人是幸福的。
——赫尔克

所有坚韧不拔的努力迟早会得到报酬的。
——安格尔

 中外名人名言

做一件事,无论大小,倘无恒心,是很不好的。

——鲁迅

成功的秘诀在于恒心。

——狄斯雷利

许多赛跑者失败,都是失败在最后的几步。跑"应该跑的路"已经不容易,"跑到尽头"当然更难。

——苏格拉底

要在这个世界上获得成功,就必须坚持到底。

——伏尔泰

成大事不在于力量的大小,而在于能坚持多久。

——约翰逊

告诉你我达到目标的奥秘吧,我唯一的力量就是我的坚持精神。

——巴斯德

只有恒心可以使你达到目的,只有博学可以使你明辨世事。

——席勒

只有持之以恒,知识丰富了,终能发现其奥秘。

——杨振宁

不要失去信心,只要坚持不懈就终会有成果。

——钱学森

行动

心动不如行动

我是不会等待以后的,因为并不是所有的人都有以后。
——沙奎尔·尼尔

一旦做出决定就不要拖延,任何事情想到就去做!立即行动!
——比尔·盖茨

一个人既有打算,若不迅速行动,必后悔莫及。
——但丁

一切都靠一张嘴来做而丝毫不实干的人,是虚伪和假仁假义的。
——德谟克利特

人生来是为行动的,就像火光总向上升腾,石头总往下落一样。对人来说,无行动,就等于他并不存在。
——伏尔泰

每个人都知道,把语言化为行动,比把行动化为语言困难得多。
——高尔基

我听到的会忘掉,我看到的能记住,我做过的才真正明白。
——李开复

行动不一定每次都带来幸运,但坐而不行,一定无任何幸运可言。
——狄斯雷利

 中外名人名言

不登高山,不知天之高也;不临深溪,不知地之厚也。
——荀子

对于生活,必须有一贯的、巨大的、使它变得有生气的行动。
——高尔基

行动是老子,知识是儿子,创造是孙子。
——陶行知

单是说不行,要紧的是做。
——鲁迅

晚起步不如早起步,晚行动不如早行动,犹豫不决不如当机立断,唉声叹气不如奋发图强。
——张抗抗

应该记住,我们的事业需要的是手,而不是嘴。
——童第周

你的选择是做或不做,但不做就永远不会有机会。
——李嘉诚

行动不一定带来快乐,但是没有行动就绝没有快乐。
——狄斯雷利

期望而不行动,孕育着灾难。
——布莱克

用正确思想指导行动

什么事都想干的人什么事也干不好。

——托富勒

每事浅尝辄止,结果一事无成。

——蒙田

最可怕的事莫过于行动中的无知。

——伊拉斯谟

己所不欲,勿施于人。

——孔子

迈步之前不要只试脚下的地面,只有注视远处地平线的人才能找到正确的道路。

——哈马舍尔德

行动决定兴废去留,在行动中,我们才有所扬弃。

——尼采

错误的思想迟早会导致错误的行动。

——赫胥黎

最重要的就是不要去看远方模糊的东西,而要做手边清楚的事。

——戴尔·卡耐基

若你已有承担一切后果的准备，就能去做世上的任何事情。

——毛姆

主动性是指在没有人告诉你的情况下去做合适的事情。

——阿尔伯特·哈伯德

有什么样的行为就有什么样的名声。

——亚里士多德

我们的行为决定了我们的人品，正如我们的人品决定了我们的行为。

——艾略特

成功始于行动

成功开始于想法，但是，只有这样的想法，却没有付出行动，还是不可能成功。

——比尔·盖茨

行动是通往知识的唯一道路。

——萧伯纳

现实是此岸，理想是彼岸，中间夹着湍急的河流，行动却是架在河上的桥梁。

——克雷洛夫

垂大名于万世者，必先行之于纤微之事。

——陆贾

第四章 适合小学生的名人名言集锦

一切伟大的行动和一切伟大的思想，都拥有一个微不足道的开始。
——加缪

人的行动比语言文字更能表现自己。
——安德烈·纪德

"我试试"，则每日皆成大事，而"我不行"，则一事无成。
——罗塞蒂

只要你学会不去做你做不到的事，你就能获取你所需要的一切。
——阿尔伯特·哈伯德

财 富

精神是最伟大的财富

知识是取之不尽的源泉，用之不竭的财富。
——萨迪

人身上最值钱的，是大脑中的知识。
——郁达夫

知足是天赋的财富，奢侈是人为的贫穷。
——苏格拉底

伟大的思想能变成巨大的财富。

——塞内加

尽管贫穷却感到满足的人是富有的,而且非常富有。而那些尽管富有,却整天担心什么时候会变穷的人才凋零得像冬天的世界。

——莎士比亚

财富并不是永久的朋友,但朋友却是永久的财富。

——列夫·托尔斯泰

当一个人真正觉悟的一刻,他放弃追寻外在世界的财富,而开始追寻他内心世界的真正财富。

——李嘉诚

道德和才艺是远胜于富贵的资产。

——莎士比亚

财富掌握在意志薄弱、缺乏自制、缺乏理性的人手中,就会成为一种诱惑和一个陷阱。

——斯迈尔斯

甘于守贫是一个人的巨大财富。

——卢克莱修

财富必须在快乐中证明自身。

——桑塔亚那

第四章 适合小学生的名人名言集锦

任何个人财富都不能成为个人最终的生命价值。

——培根

贫穷本身并不可怕,可怕的是自己以为命中注定贫穷或一定老死于贫穷的思想。

——富兰克林

自愿的贫困胜于不定的浮华；穷奢极欲的人要是贪得无厌,比最贫困的而知足的人不幸得多。

——莎士比亚

一个在金钱上富足的人,还能有心关怀到受困于窘境的穷人,才叫真正的富人。

——三毛

腰缠万贯是另一种穷。一贫如洗是另一种富。

——郑渊洁

财富可以使人道德沦丧

对于大多数富人来说,财富的主要作用就是用于炫耀。

——亚当·斯密

财富为聪明人服务,傻瓜却受其支配。

——汉斯·夏隆

财富是个好仆人，但财富作为主人，则是最坏的东西。

——培根

财富是美德的包袱。

——培根

财富并不属于拥有它的人，而属于享用它的人。

——富兰克林

如果我们能支配我们的财富，我们就会富裕而自由；如果我们的财富支配了我们，我们就会真正贫穷。

——艾德蒙·伯克

随着财富的增加，越来越多的烦恼、欲望和贪婪也随之产生。

——贺拉斯

多余的财富只能买来不需要的东西。

——梭罗

财宝如火，你认为它是最有用的仆人，但转瞬之间它就摇身变成可怕的主人。

——卡莱尔

对财产先入为主的观念，比其他事更能阻止人们过自由而高尚的生活。

——罗素

蔑视财富的人相当多，不过，懂得施舍财富的却寥寥无几。

——罗斯金

第四章 适合小学生的名人名言集锦

我绝对相信，在这个世界上，财富绝不能使人类进步。
——爱因斯坦

聚敛财富也即自寻烦恼。
——富兰克林

世间物质能够满足人的需要，却不能满足人的贪婪。
——甘地

君子爱财，取之有道

是我的钱，一元钱我都要；不是我的钱，送到门口，我也不会要。
——李嘉诚

恩赐的东西是不牢靠的，凡是恩赐的东西，它都可能随时被恩赐者收回。
——大仲马

财富只有当它为人的幸福服务时，它才算作财富。
——苏霍姆林斯基

君子爱财，取之有道。
——《增广贤文》

劳动是财富之父，土地是财富之母。
——威廉·配第

 中外名人名言

人类的劳动是唯一真正的财富。

——法朗士

凡是不照社会成规得来的财产，我们不可能心安理得地享受。

——巴尔扎克

通过辛勤工作获得财富才是人生的大快事。

——巴尔扎克

一切财富都来自劳动和知识。

——欧文

贫困固然不方便，但过富也不一定是好事，必须依靠自己的力量，谋生求活。

——居里夫人

靠艰苦的劳动比靠侥幸走运更可能致富。

——伊索

成功

好心态是成功的关键

最成功的人往往就是敢冒大险的人。

——斯威夫特

第四章 适合小学生的名人名言集锦

成功是一种态度。

——牛顿

一个人如果做事没有恒心，他是任何事也做不成功的。

——牛顿

只有把抱怨环境的心情化为上进的力量，才是成功的保证。

——罗曼·罗兰

法拉第

法拉第（1791—1867年），英国物理学家、化学家，也是著名的自学成才的科学家。1831年，他发现电磁感应现象，从而确定了电磁感应的基本定律，为现代电工学奠定了基础。

拼命去争取成功，但不要期望一定成功。

——法拉第

在一切有困难的交涉中，不可希冀一边下种一边收割，而应当对所有的事妥为准备，好让它渐渐成熟。

——培根

烦恼与欢喜，成功和失败，仅系于一念之间。

——大仲马

在成功面前，首先想到的是获得成功之前的挫折和教训，而不是成功的赞扬和荣誉。

——巴甫洛夫

成功的重要因素

成功就是成为最好的你。成功第一步：把握人生目标，做一个主动的人；成功第二步：尝试新的领域，发掘你的兴趣；成功第三步：针对兴趣，定阶段性目标。

——李开复

很多时候，成功并不是经历苦难最多的，往往是因为他有运气，没有遇到让自己毁灭的灾难才一直走到现在。

——李宁

良好的开端是成功的一半。

——亚里士多德

要有自信，然后全力以赴。假如具有这种观念，任何事情十之八九都能成功。

——威尔逊

如果在自己非常想要做的事情上未能成功，不要立刻放弃并接受失败，试试别的方法。

——戴尔·卡耐基

如果你希望成功，当以恒心为良友，以经验为参谋，以当心为兄弟，以希望为哨兵。

——爱迪生

第四章 适合小学生的名人名言集锦

成功不在于有无天资，而在于有无理想。

——德田虎雄

季羡林

 季羡林（1911年—2009年），中国著名文学家、语言学家、教育家、社会活动家、翻译家和散文家，精通12国语言。曾任中国科学院哲学社会科学部委员、北京大学副校长、中国社科院南亚研究所所长。

天资+勤奋+机遇=成功。

——季羡林

如果你问一个善于溜冰的人怎样获得成功时，他会告诉你："跌倒了，爬起来。"这就是成功。

——牛顿

21世纪要想成功必须有四大特征：开放的胸怀、分享的精神、承担责任的心、全球化的眼光。

——马云

成功的秘诀很简单，无论何时，不管怎样，我也决不允许自己有一点点灰心丧气。

——爱迪生

成功的秘诀，在于永不改变既定的目标。

——卢梭

可以说成功要靠三件事才能赢得：努力，努力，再努力。

——哈代

成功的秘诀，是养成迅速去做的习惯。

——劳伦斯

只有耐心圆满完成简单工作的人，才能够轻而易举地完成困难的事。

——席勒

获得成功有两个重要的前提：一是坚决，二是忍耐。

——比尔·盖茨

最有希望的成功者，并不是才干出众的人，而是那些最善于利用每一个时机去发掘开拓的人。

——苏格拉底

成功不在于闹街上的喧嚣，也不在于人群中的欢呼与喝彩，而在于我们自己。

——朗费罗

一朵成功的花都是由许多雨、血、泥和强烈的暴风雨的环境培养成的。

——冼星海

你要有一点上进心，你要想到明天要比今天活得更加好，后天要比明天活得更加好，那么加上这个上进心，加上有耐心，可能就能取得更多的成功。

——俞敏洪

第四章 适合小学生的名人名言集锦

成功的唯一秘诀——坚持最后一分钟。
——柏拉图

我成功,因为志在要成功,我未尝踌躇。
——拿破仑

对于成功的坚信不疑时常会导致真正的成功。
——弗洛伊德

不干,固然遇不着失败,也绝对遇不着成功。
——邹韬奋

有些人成功是因为命运注定,但是大多数人成功是因为他们立志如此。
——狄更斯

成功的秘诀在于朝着目标坚定不移地不懈努力。
——狄斯雷利

大多数的人本来都能在小事上取得成功,如果他们不是被雄心壮志干扰的话。
——朗费罗

有些人成功是由于知识渊博;有些人成功是由于行为高尚;很少有人不加努力便能成功。
——阿尔伯特·哈伯德

成功的奥秘在于多动手。

——杨振宁

没有一个良好的过程，任何一次成功都不可能被复制。

——马云

成功是一个社会概念，一个直接面对上天和自己的人是不会太看重它的。

——周国平

●名人故事

一天，苏轼和佛印大师乘船游览瘦西湖，佛印突然拿出一把题有东坡居士诗词的扇子扔到河里，并大声道："水流东坡诗（尸）！"当时苏轼愣了一下，但很快就笑了，并指着河岸上正在啃骨头的一只狗，吟道："狗啃河上（和尚）骨！"

立 志

百学须先立志

水激石则鸣，人激志则宏。

——秋瑾

第四章 适合小学生的名人名言集锦

不怕没有机会，只怕没有志气。

——茅盾

哀莫大于心死，愁莫大于无志。

——庄子

非学无以广才，非志无以成学。

——诸葛亮

立志是一件很重要的事情。工作随着志向走，成功随着工作来，这是一定的规律。

——巴斯德

大丈夫必有四方之志。

——李白

故立志者，为学之心也；为学者，立志之事也。

——王阳明

立志须存千载想，闲谈无过五分钟。

——沈钧儒

没有志向的人，就好比没有动力的船，只能随波逐流。

——倪海曙

一个人如果胸无大志，即使有再壮丽的举动也称不上是一个伟人。

——拉罗什富科

 中外名人名言

没有志向的青年，就像断线的风筝，只会在空中东摇西晃，最后必然丧失前程。

——罗曼·罗兰

人若有志，万事可为。

——斯迈尔斯

志不强者智不达

有非凡志向，才有非凡成就。

——比尔·盖茨

燕雀安知鸿鹄之志。

——司马迁

刘禹锡

刘禹锡（772年—842年），唐代文学家，以豪迈、开朗、倔强、幽默而闻名于世。他的诗歌反映了中唐政治生活的重大事件，倾向鲜明，有较强的现实意义。

少年负志气，信道不从时。

——刘禹锡

立大志，求大智，做大事。

——陶行知

第四章 适合小学生的名人名言集锦

少年立志要远大，持身要紧严。立志不高，则溺于流俗；持身不严，则入于匪辟。

——张履祥

男儿不展风云志，空负天生八尺躯。

——冯梦龙

志不强者智不达。

——墨子

志向和热爱是伟大行为的双翼。

——歌德

没有雄心斗志的人，他们的生活缺乏伟大的动力，自然不能盼望他们会有杰出的成就。

——华罗庚

朝着一定目标走去是"志"，一鼓作气中途绝不停止是"气"，两者合起来就是"志气"。一切事业的成败都取决于此。

——戴尔·卡耐基

年轻人永远怀着高飞的雄心，因此哪怕一线的光明和希望，也可以鼓舞他们走很远的路程。

——巴金

志小不可以语大事。

——陆九渊

 中外名人名言

追求的目标越高，他的才力就发展得越快，对社会就越有益。
——高尔基

古之成大事者，不唯有超世之才，亦必有坚忍不拔之志。
——苏轼

既立志，则矢志不渝

三军可夺帅也，匹夫不可夺志也。
——孔子

老当益壮，宁移白首之心；穷且益坚，不坠青云之志。
——王勃

老骥伏枥，志在千里；烈士暮年，壮心不已。
——曹操

男儿志兮天下事，但有进兮不有止，言志已酬便无志。
——梁启超

立志在坚不在锐，成功在久不在速。
——张孝祥

价 值

价值的认知有标尺

即使一块低贱的石头砸坏一个金杯，它的价值也并不因此而增长，金子的价值也并不因此而减少。

——萨迪

生命的价值不在于活了多少天，而在于我们如何使用这些日子。

——蒙田

人生中有价值的事，并不是人生的美丽，却是人生的酸苦。

——哈代

目标有价值，生活才有价值。

——黑格尔

最值得高度珍惜的莫过于每一天的价值。

——歌德

人生最终的价值在于觉醒和思考的能力，而不只在于生存。

——亚里士多德

对于一个深知自己价值的人，生活是支配不了他的。

——高尔基

最本质的人生价值就是人的独立性。

——布迪曼

人的价值就像果子一样有它的季节。

——拉罗什富科

人生最大的价值在于无私的奉献。

——李嘉诚

一个人的价值唯有与他人相照，才能衡量出来。

——尼采

一个人的真正价值，首先决定于他在什么程度上和在什么意义上从自我中解放出来。

——爱因斯坦

努力实现人生的价值

一个人如果碌碌无为，只为自己渺小的生存而虚度一生，那么即使他高寿活到一百岁，又有什么价值和意义呢？

——杨沫

你若要欣赏你自己的价值，你就得给世界创造价值。

——歌德

第四章 适合小学生的名人名言集锦

最美好的人生途径就是创造价值。

——池田大作

只要活着，就应该做一些有益的事，从中领悟到生命的价值。

——武者小路实笃

人的生命是有限的，可是为人民服务是无限的，我要把有限的生命，投入到无限的为人民服务之中去。

——雷锋

人应该为自己的思想去献身，而不是为别人的癫狂去送死。

——茨威格

假如社会不重视个人的价值，那就等于赋予个人以敌视社会的权利。

——高尔基

活着就要做个对社会有益的人。

——张海迪

懂得取舍价值观

生，亦我所欲也；义，亦我所欲也。二者不可得兼，舍生而取义者也。

——孟子

不要希图成为一个成功的人，我们应努力成为一个有价值的人。

——爱因斯坦

生活本身没有任何价值，它的价值在于怎样使用它。

——卢梭

人生富贵驹过隙，唯有荣名寿金石。

——顾炎武

人的价值，决定于他自己。

——高尔基

一个人的价值，应该看他贡献什么，而不应当看他取得什么。

——爱因斯坦

机遇

机遇在于创造

只有愚者才等待机会，而智者则造就机会。

——培根

一个人必须学会为自己创造机会，就像时常发现它一样。

——培根

第四章 适合小学生的名人名言集锦

机会不会上门来找人，只有人去找机会。
——狄更斯

人们若是一心一意地做某一件事，总是会碰到偶然的机会的。
——巴尔扎克

如果良机不来，就亲手创造吧。
——培根

幸运是一个懒惰的女神——她决不会来找你。
——陶行知

巴斯德

巴斯德（1822年—1895年），法国微生物学家、化学家。他研究了微生物的类型、习性、营养、繁殖、作用等，奠定了工业微生物学和医学微生物学的基础，并开创了微生物生理学。

机遇只偏爱那些有准备的头脑的人。
——巴斯德

谁不坐等机遇的馈赠，谁便征服了命运。
——马·阿诺德

在这个世界上,取得成功的人是那些努力寻找他们想要的机会的人,如果找不到机会,他们就去创造机会。

——萧伯纳

天下没有偶然,那不过是化了装的、戴了面具的必然。

——钱钟书

名人故事

莫泊桑是法国著名作家。有一次,一位贵夫人傲慢地对他说:"你的小说没什么了不起的,不过说真的,你的胡子倒是十分好看,你为什么要留这么个大胡子呢?"莫泊桑淡淡地回答道:"对于那些对文学一窍不通的人,至少能给他们一个赞美我的理由。"

机不可失,时不再来

一个人要想成功,就要学会在机遇从头顶上飞过时跳起来抓住它。这样逮到机遇的机会就会增大。

——比尔·盖茨

机会就像一扇迅速旋转的门,当那个空当转到你面前的时候,你必须迅速挤进去。

——陈天桥

第四章 适合小学生的名人名言集锦

时来易失，赴机在速。
——房玄龄

机不可失，时不再来。
——张九龄

当危险逼近，善于抓住时机来迎击它要比犹豫躲闪更为有利，因为犹豫的结果恰恰是错过了克服它的机会。
——培根

善于捕捉机会者为俊杰。
——歌德

不要坐失时机，当时机把有头发的头伸出来而没有人去抓时，回头它便会伸出一个秃头来。
——莎士比亚

最大的机遇也许就在你身边。
——拿破仑

每个人的一生中，幸运女神都来敲过门，可许多人竟然在邻室中听不见。
——马克·吐温

踏破铁鞋无觅处,得来全不费功夫。

——冯梦龙

要成为一个伟人,就应懂得利用所有的机会。

——拉罗什富科

当良机出现在我们面前时,我们要及时抓住它们,利用它们,这是生活的一大艺术。

——约翰逊

如果有人错过机会,多半不是机会没有到来,而是因为等待机会时都没有看见机会到来,而当机会来临时,没有一个人伸手去抓住它。

——罗曼·罗兰

来而不可失者时也,蹈而不可失者机也。

——苏轼

生命很快就过去了,一个时机从不会出现两次,必须当机立断,不然就永远地错过了。

——罗曼·罗兰

由于过分审慎,人们对于时机就会重视不够,就会坐失良机。

——卢梭

学会利用机遇

最有希望的成功者,并不是才干出众的人,而是那些善于利用每一时机去发掘开拓的人。

——苏格拉底

机会来时像闪电一样短促,全靠你不假思索地利用。

——巴尔扎克

对于不会利用机会的人,时间又有什么用呢?一个不受胎的蛋,是要被时间的浪潮冲刷成废物的。

——艾略特

许多人对待机会一如孩童在海滨那样:他们让小手握满了沙子,然后让沙砾掉下,一粒接一粒,直到全部落光。

——托马斯·莫尔

一个明智的人总是抓住机遇,并且把它变成美好的未来。

——托富勒

只要有所事事,有所追求,人们就能把握住机遇的车轮。

——爱默生

审度时宜,虑定而动,天下无不可为之事。

——张居正

机会只是给你一条通路,走不走还得看你自己。

——罗曼·罗兰

命运

命运掌握在自己手中

有勇气承担命运这才是英雄好汉。

——黑塞

每个人都是自己的建筑师。

——克劳迪乌斯

命运的力量只有不幸的人才会承认,幸运的人把成功全归功于自己的智虑和长处。

——斯威夫特

因为我对权威轻蔑,所以命运惩罚我,我自己竟也成了权威。

——爱因斯坦

我是我命运的主人,我是我心灵的主宰。

——赫里克

当幸运女神到来时,要伸手紧紧从正面抓住她,因为她的背面是厄运。

——达·芬奇

第四章 适合小学生的名人名言集锦

命运往往是由人自己造成的。

——培根

宁可要人们各自决定自己的命运，而不要让自己的命运掌握在别人的手里。

——悉尼·胡克

命运不在等待而在创造

当命运递给我们一个酸的柠檬时，让我们设法把它制造成甜的柠檬汁。

——富兰克林

人人都是命运的设计师，设计着时间殿宇的四壁；有的用他们的伟大功绩，有的则是用华美的装饰。

——朗费罗

勇敢的人开凿自己的命运之路，每个人都是自己命运的开拓者。

——塞万提斯

如果我们用意志去把握命运，那么，我们自己就成了命运的主宰。

——费里尔

命运并非机遇，而是一种选择；我们不该期待命运的安排，必须凭自己的努力创造命运。

——布莱克

命运支配我们行为的一半，而把另一半委托给我们自己。

——马基雅维利

征服命运的常常是那些不甘等待机运恩赐的人。

——马·阿诺德

领悟命运的真谛

对凌驾于命运之上的人来说，信心是命运的主宰。

——海伦·凯勒

命运只不过是失败者的无聊的自慰，不过是怯懦者的解嘲。

——茅盾

命运给予我们的不是失败之酒，而是机会之杯。

——尼克松

我们自身就是我们命运的原因。

——徐志摩

习惯形成性格，性格决定命运。

——凯恩斯

命运是一个乔装打扮的人物，没有比这张脸更会欺骗人的了。

——雨果

第四章 适合小学生的名人名言集锦

塞涅卡说：愿意的人，命运领着走；不愿意的人，命运拖着走。他忽略了第三种情况：和命运结伴同行。

——周国平

人都认为，自己的一生要自己来引导，但在心灵深处，却任凭命运摆布。

——歌德

在灰暗的日子里，不要让冷酷的命运窃喜；命运既然来凌辱我们，我们就应该用处之泰然的态度予以报复。

——莎士比亚

播种一个行动，你会收获一个习惯；播种一个习惯，你会收获一个个性；播种一个个性，你会收获一个命运。

——普鲁斯特

当智慧和命运交战时，若智慧有胆识、敢作敢为，命运就没有机会动摇它。

——莎士比亚

命运害怕勇敢的人，而专去欺负胆小鬼。

——塞涅卡

应该对自己的命运感到满足，一个人总不能在每件事情上都是第一。

——伊索

命运像玻璃，越明亮，越闪亮，越容易破碎。

——贺拉斯

在平坦的道路上走，也难免有绊倒的时候。人的命运亦如此。

——罗曼·罗兰

命运压不垮一个人，只会使人坚强起来。

——海因里希·伯尔

同样的缺点把人推上高位，同样的缺点又使他们从高位跌落。这就是命运。

——拉布吕耶尔

失 败

失败面前众生相

不要只因一次失败，就放弃你原来决心想达到的目的。

——莎士比亚

"以准备失败的心情去迎接胜利"，这是一个人面临得失的时候所必须有的一种态度。假如只准备成功而不准备失败，当失败时就会来不及了。

——罗兰

不会从失败中吸取教训的人，他们的成功之路是遥远的。

——拿破仑

第四章 适合小学生的名人名言集锦

如果能学会清醒地对待失败，如果能重新抓住自我感觉，如果能明白自己永远拥有选择的机会，你的余生就会获得无可估量的教益。

——海厄特

赫尔巴特

赫尔巴特（1776年—1841年），19世纪德国著名的哲学家、心理学家和教育家，在世界教育学史上被公认为是"现代教育学之父"和"科学教育学的奠基人"。

诚惶诚恐地害怕失误，就意味着永远尝不到成功的滋味。

——赫尔巴特

当困难来访时，有些人跟着一飞冲天，也有些人因之倒地不起。

——列夫·托尔斯泰

诚恳坦然地承认奋斗后的失败，成功后的失落，我们只会更沉着。

——余秋雨

成功时不要把自己看成是巨人，失败时不要把自己看成是矮子。

——刘吉

不在沉默中爆发，就在沉默中灭亡。

——鲁迅

失败是锤炼强者的熔炉

正确的结果,是从大量错误中得出来的;没有大量错误做台阶,也就登不上最后正确结果的高座。

——钱学森

我们应该接受迅速失败,而不是缓缓失败,最不该接受的则是没有失败。如果有人从不犯错误,那只能说明他们努力不够,失败的结果是试图去尝试其他的可能。

——比尔·盖茨

有非常之人,然后有非常之事。有非常之事,然后有非常之功。

——司马相如

有困难是坏事也是好事,困难会逼着人想办法,困难环境能锻炼出人才来。

——徐特立

我们称之为"失败"的东西并非摔倒在地,而是倒地不起。

——玛丽·皮克馥

失败实在不是什么稀罕事——最优秀的人也会失败。稀罕的是从失败中学到东西。

——海厄特

岁不寒,无以知松柏;事不难,无以知君子。

——荀子

第四章 适合小学生的名人名言集锦

塞万提斯

塞万提斯（1547年—1616年），被誉为西班牙文学世界里最伟大的作家。评论家们称他的小说《堂吉诃德》是文学史上的第一部现代小说，同时也是世界文学的瑰宝之一。

艰难是戴了面具的大幸。

——塞万提斯

成功常会成为下一个失败的原因，反之，任何失败都可能因智慧和努力而成为下一次大成功的原因。

——池田大作

从不获胜的人很少失败，从不攀登的人很少跌跤。

——惠蒂尔

人的生命，似洪水在奔流，不遇着岛屿、暗礁，难以激起美的浪花。

——奥斯特洛夫斯基

继续成功只能引起我们走向世界的一端，灾难却能将我们掉转个方向，让我们看到世界的另一端。

——科尔顿

困难，是动摇者和懦夫掉队回头的便桥；但也是勇敢者前进的脚踏石。

——爱默生

中外名人名言

失败的次数愈多，成功的机会亦愈近。成功往往是最后一分钟来访的客人。

——加尔多斯

最初作伟大尝试的人通常以失败告终，但他们把通过失败获得的教益留给了后人。

——塞缪尔·巴特勒

如果你一事无成，不是你父母的错，所以不要对自己犯的错发牢骚，从错误中去学习。

——比尔·盖茨

受苦是考验，是磨炼，是咬紧牙关挖掉自己心灵上的污点。

——巴金

逆境有一种科学价值。一个好的学者是不会放弃这种机会来学习的。

——爱默生

安东·巴甫洛维奇·契诃夫

安东·巴甫洛维奇·契诃夫（1860年—1904年），俄国戏剧家，19世纪末期俄国批判现实主义作家、短篇小说艺术大师。他和法国的莫泊桑、美国的欧·亨利齐名，并称为"世界三大短篇小说巨匠"。

困难和折磨对于人来说，是一把打向坯料的锤，打掉的应是脆弱的铁屑，锻成的将是锋利的钢刀。

——安东·巴甫洛维奇·契诃夫

第四章 适合小学生的名人名言集锦

名人启迪

莱特兄弟的飞翔之梦

一百多年前，一个穷苦的牧羊人带着两个幼小的儿子以替别人放羊为生。

有一天，他们赶着羊来到一个山坡上，一群大雁鸣叫着从他们头顶飞过，并很快消失在远方。牧羊人的小儿子问父亲："大雁要往哪里飞？"牧羊人说："它们要去一个温暖的地方，在那里安家，度过寒冷的冬天。"大儿子眨着眼睛羡慕地说："要是我也能像大雁那样飞起来就好了。"小儿子也说："要是能做一只会飞的大雁该多好啊！"

牧羊人沉默了一会儿，然后对两个儿子说："只要你们想，你们也能飞起来。"

两个儿子试了试，都没能飞起来，他们用怀疑的眼神看着父亲，牧羊人说："让我飞给你们看。"于是他张开双臂，但也没能飞起来。可是，牧羊人肯定地说："我因为年纪大了才飞不起来，你们还小，只要不断努力，将来就一定能飞起来，去想去的地方。"

两个儿子牢牢记住了父亲的话，并一直努力着，等到他们长大——哥哥36岁，弟弟32岁时——他们果然飞起来了，因为他们发明了飞机。这两个人就是美国的莱特兄弟。

两个铁球的实验

伽利略9岁那年，他被父亲送进了修道院学习。既聪明又好学的伽利略，中学时代一直是成绩优异的学生。

伽利略17岁时完成了中学学业，遵从父命进比萨大学学医。可是他觉得医学枯燥无味，而在课外听著名学者里奇讲解"欧几里得几何学"和"阿基米德静力学"时却是津津有味。里奇的讲解深入浅出、通俗易懂，渐渐地这些讲座引领伽利略进入了一个数学、物理学的新世界。

有一天，伽利略在书房里看亚里士多德的著作，他突然自言自语起来：

"不可能，太不可能了——'物体从高处落下时，速度是由重量决定的。物体越重落下来的速度越快。'

"为什么只要摆的绳长相同，摆落到最低点的时间都相同呢？这与摆的重量似乎是没有关系的啊！"

伽利略决定做一个不同重量的物体从高处往下落时，距离相同，落到地面的时间也相同的实验。

1590年，伽利略在比萨斜塔上做了"两个铁球（一大一小）同时落地"的著名实验，推翻了亚里士多德"物体下落速度和重量成比例"的学说，纠正了这个持续1900年之久的错误结论。

1609年，伽利略发明了天文望远镜，并用它来观测天体。他发现月球表面凹凸不平，并亲手绘制了第一幅月面图。1610年1月7日，伽利略发现了木星的四颗卫星，为哥白尼学说找到了确凿的证据。

版权声明

本书的编选，参阅了一些报刊和著作。由于联系上的困难，我们与部分作者未能取得联系，谨致深深的歉意。敬请原作者见到本书后，及时与我们联系，以便我们按国家有关规定支付稿酬并赠送样书。

联系人：张老师
电　　话：18701502956